La Corniche BASQUE

FONDATION ELECTRICITE DE FRANCE

Par le soutien qu'elle apporte aux actions du Conservatoire du littoral, la Fondation Électricité de France s'attache à mieux faire connaître au grand public les richesses du patrimoine naturel. Dans cet esprit, la Fondation contribue à la réalisation des *Carnets du littoral*.

ISBN : 2-07-060298-2
Numéro d'édition : 87067
Dépôt légal : novembre 1998
Gravure : Lithonova (Turin). Impression Editoriale (Trieste)

La Corniche BASQUE

Carnets du Littoral

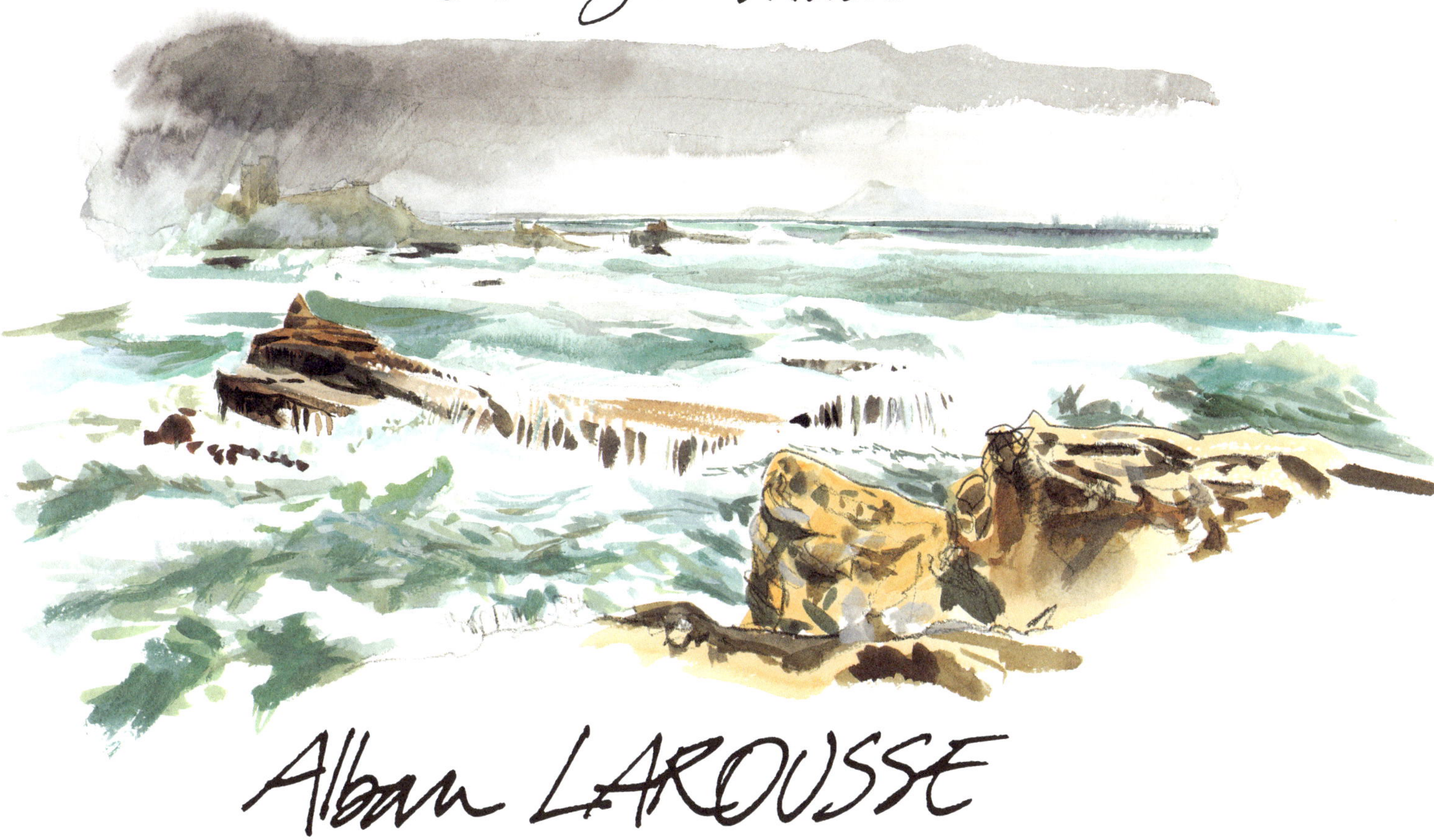

Alban LAROUSSE

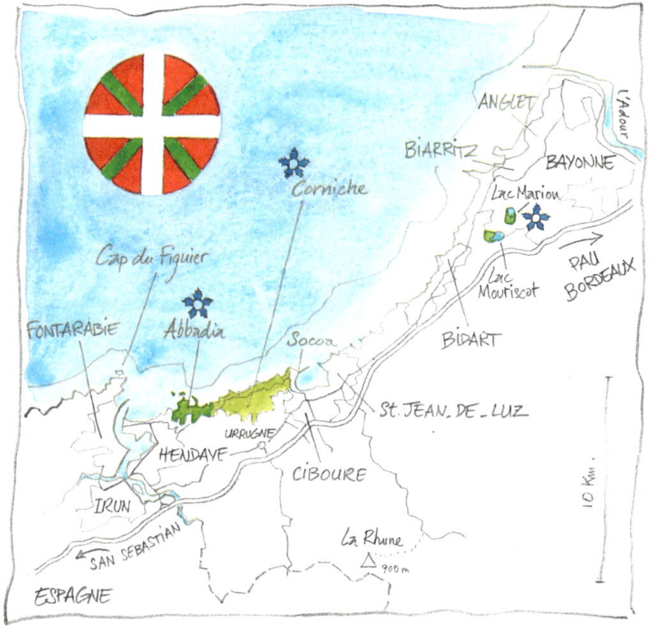

Propriété du Conservatoire du Littoral, le site d'Abbadia est orienté au nord, ce qui ne manque pas de dérouter le touriste fraîchement arrivé sur la corniche basque.
Aussi, je vous entraîne de la baie de Txingudi à Biarritz dans un petit reportage graphique mêlant à la fois des images de fin de printemps et de plein été.

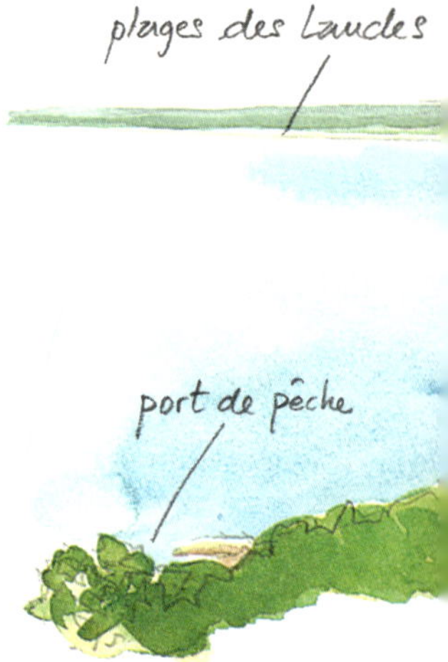

Bénéficiant d'un climat océanique tempéré humide, le vent, par sa présence quotidienne, modèle la végétation qui doit alors s'adapter en prenant des formes prostrées ou tourmentées. L'Enbata (vent d'ouest local qui précède la "tempête") accumule les nuages derrière le mont Jaizkibel, qui déverseront rapidement leurs trombes d'eau sur la baie de Txingoudi.

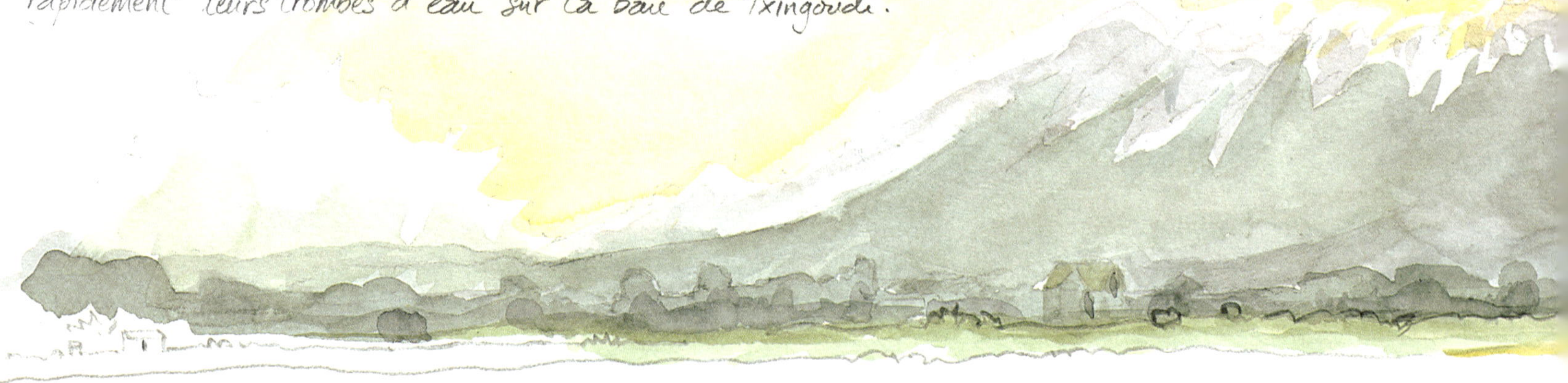

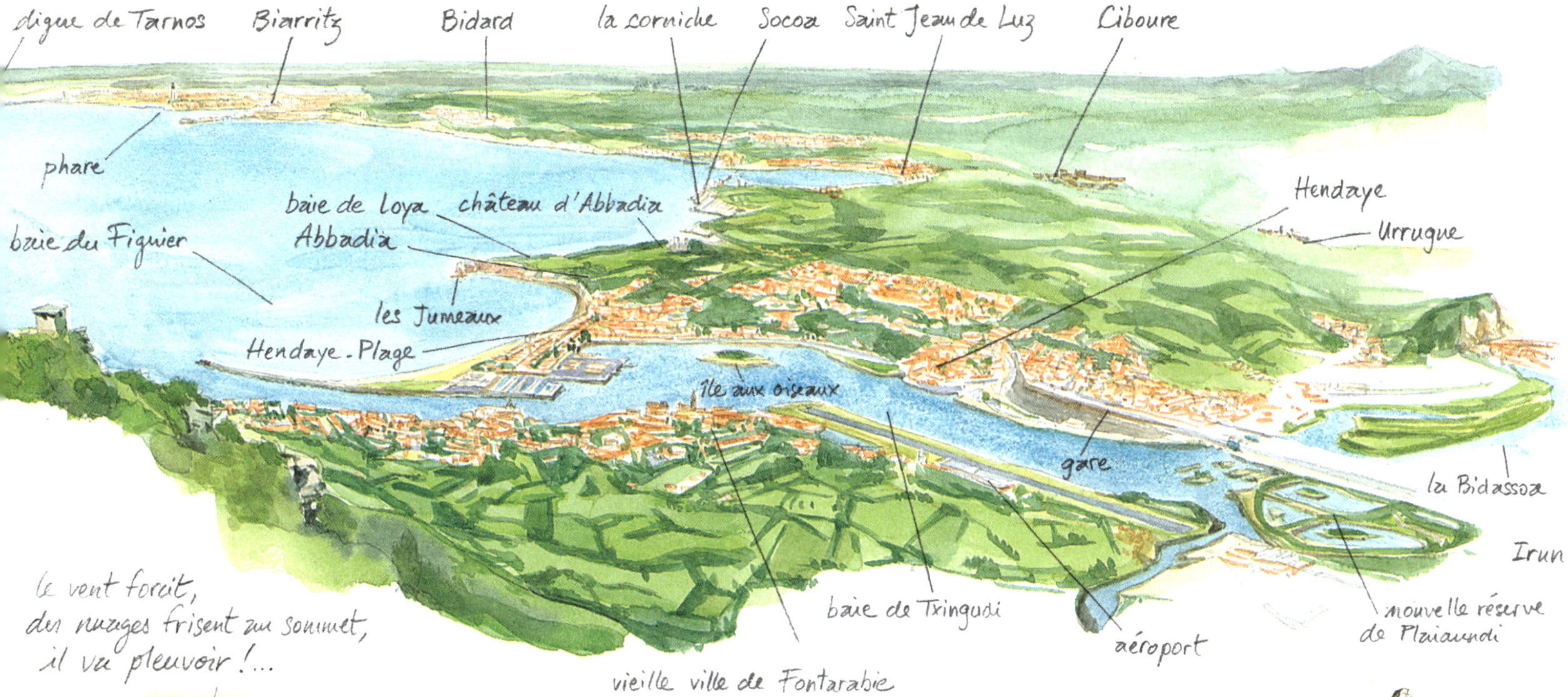

le vent forcit,
des nuages frisent au sommet,
il va pleuvoir !...

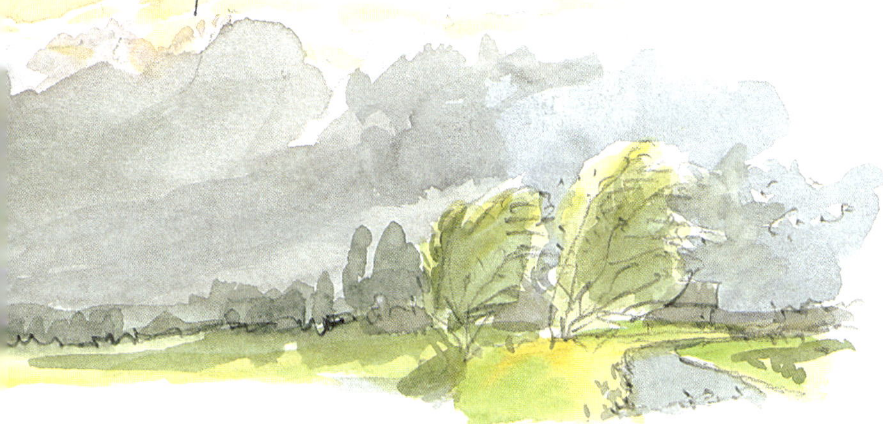

Criquet migrateur
le 24.08.

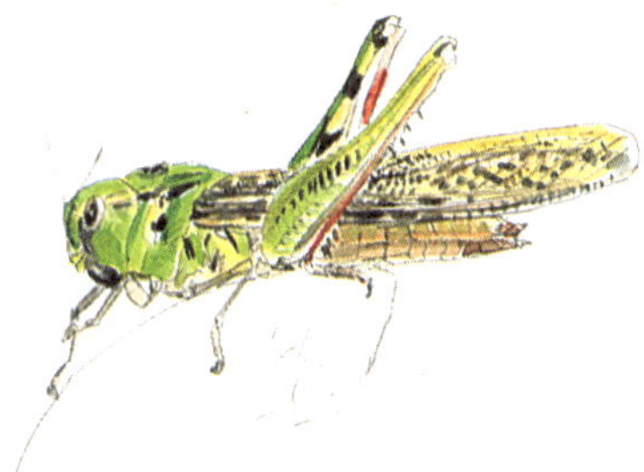

Mai 98, du sommet du Jaizkibel, tel un migrateur volant à 500 m d'altitude, je découvre la côte basque d'Irun jusqu'à l'embouchure de l'Adour.

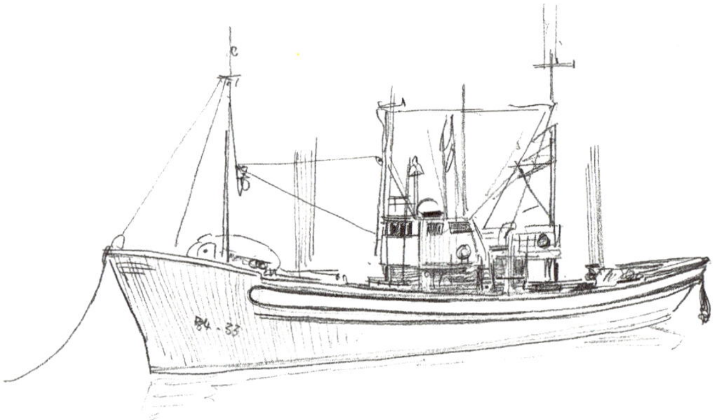

Le 5 septembre : après une semaine de mer à pêcher le thon rouge, le thon germon et la bonite, en ce moment à 150 miles des côtes, les bateaux de Fontarabie sont parmi les derniers représentants de la pêche traditionnelle à la ligne. Ceux-ci, fraîchement rentrés au port, vont prolonger exceptionnellement leur escale pour les fêtes de la cité.

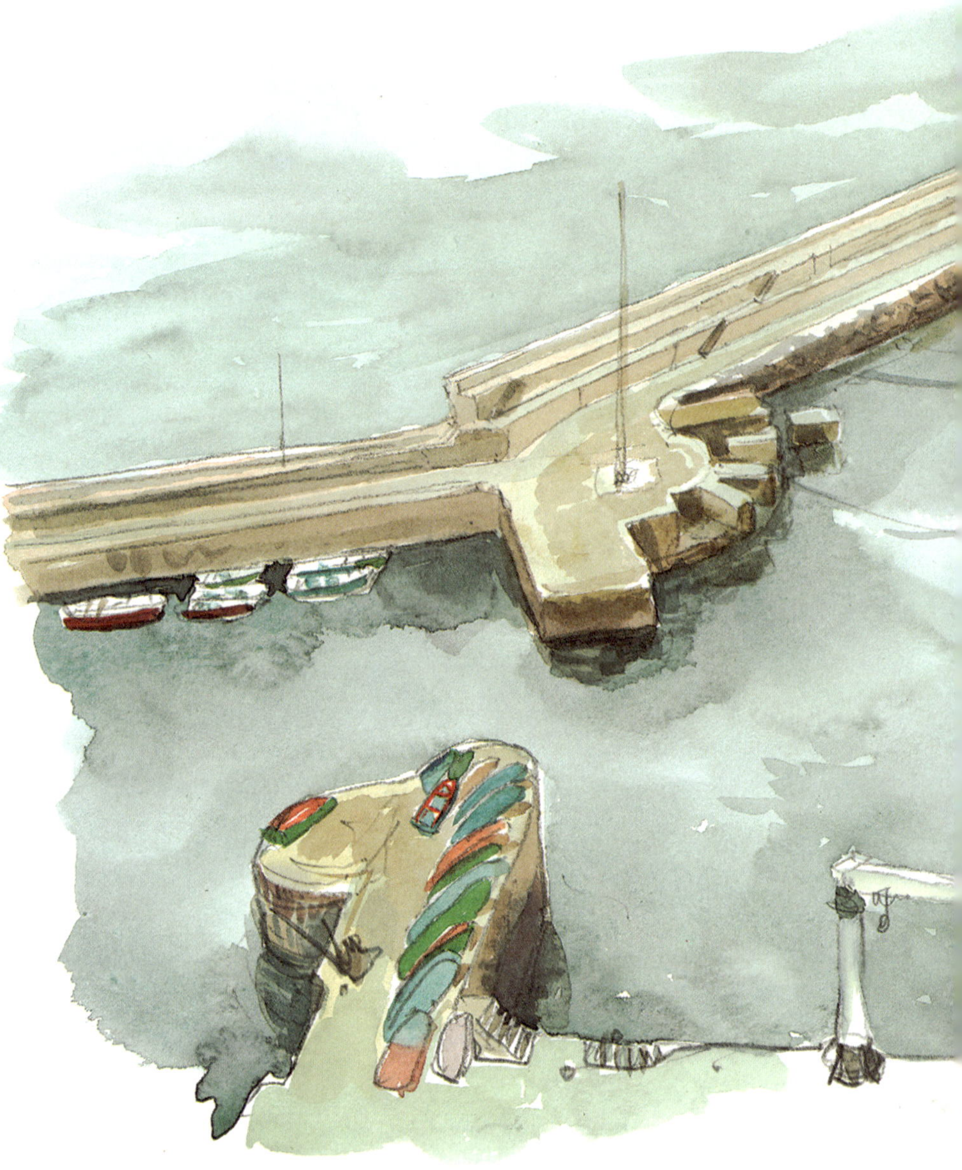

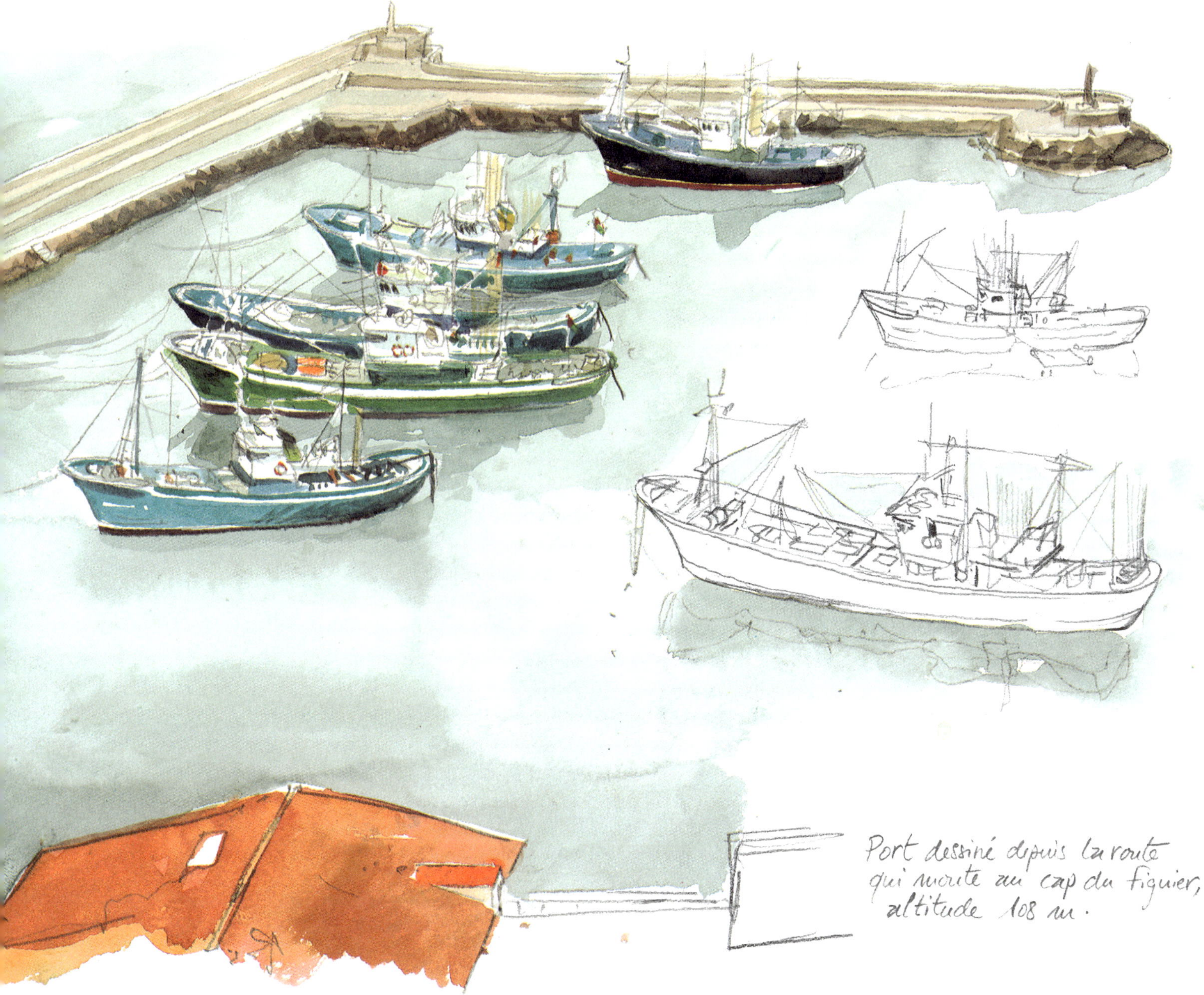
Port dessiné depuis la route
qui monte au cap du Figuier,
altitude 108 m.

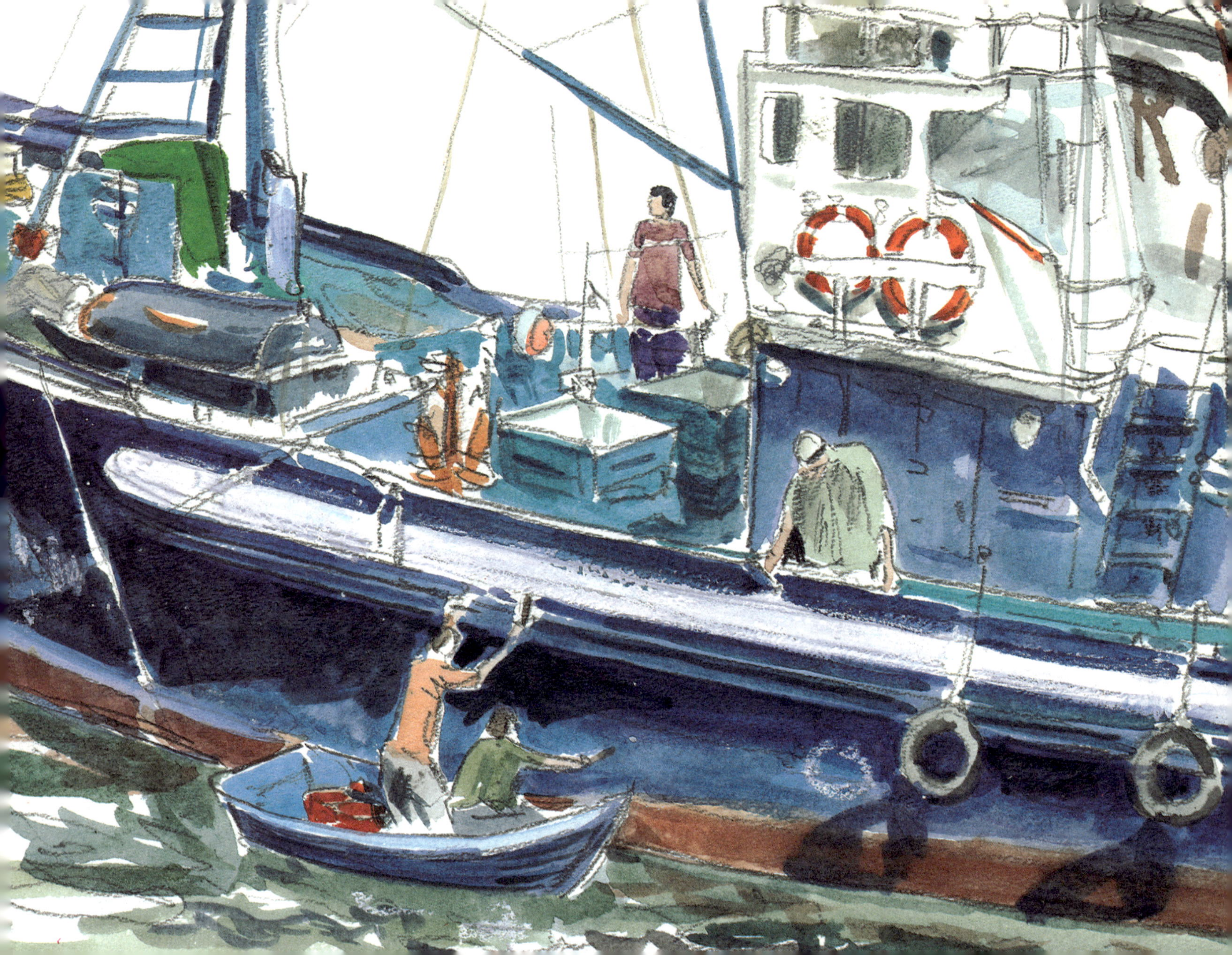

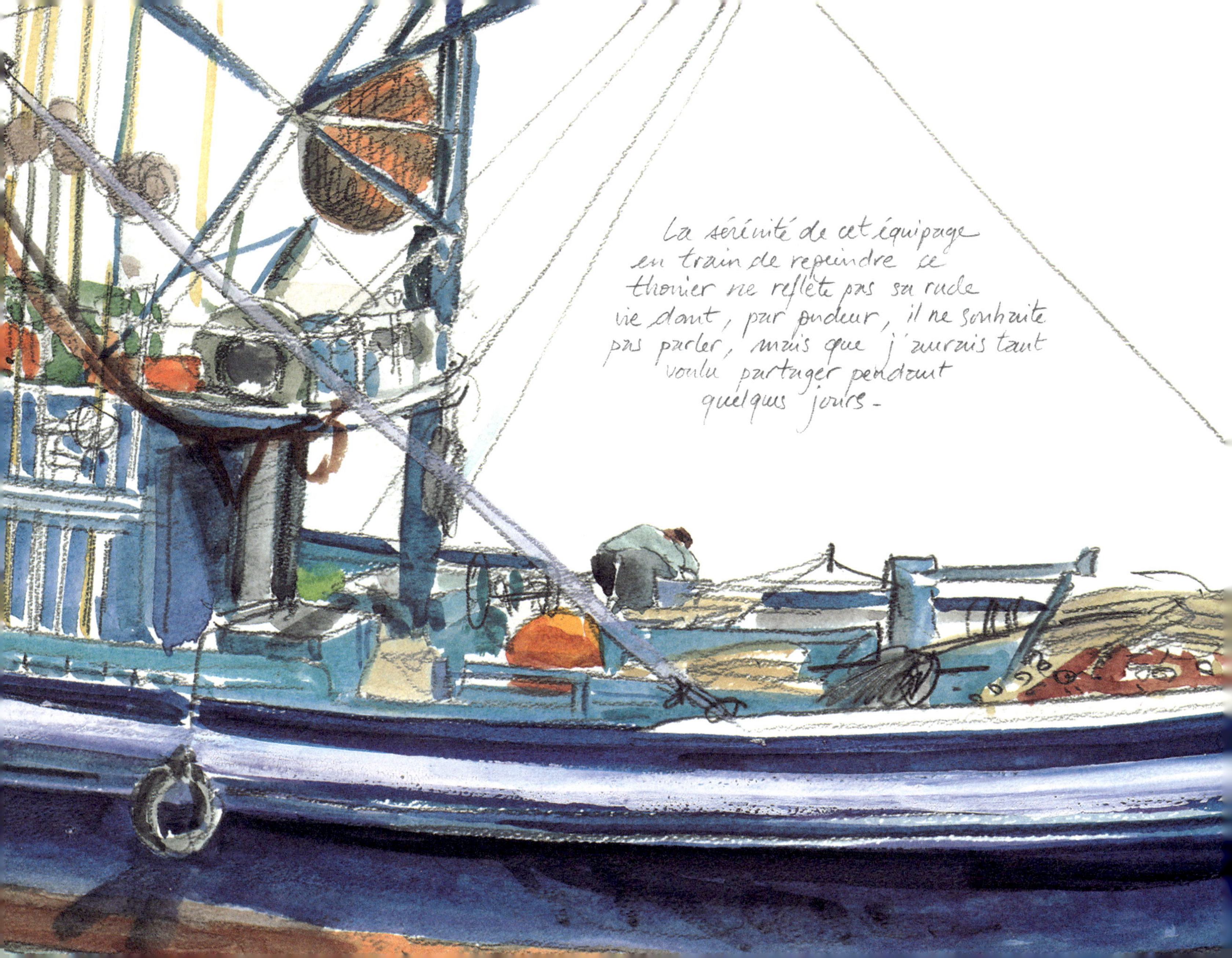
La sérénité de cet équipage
en train de repeindre ce
thonier ne reflète pas sa rude
vie dont, par pudeur, il ne souhaite
pas parler, mais que j'aurais tant
voulu partager pendant
quelques jours -

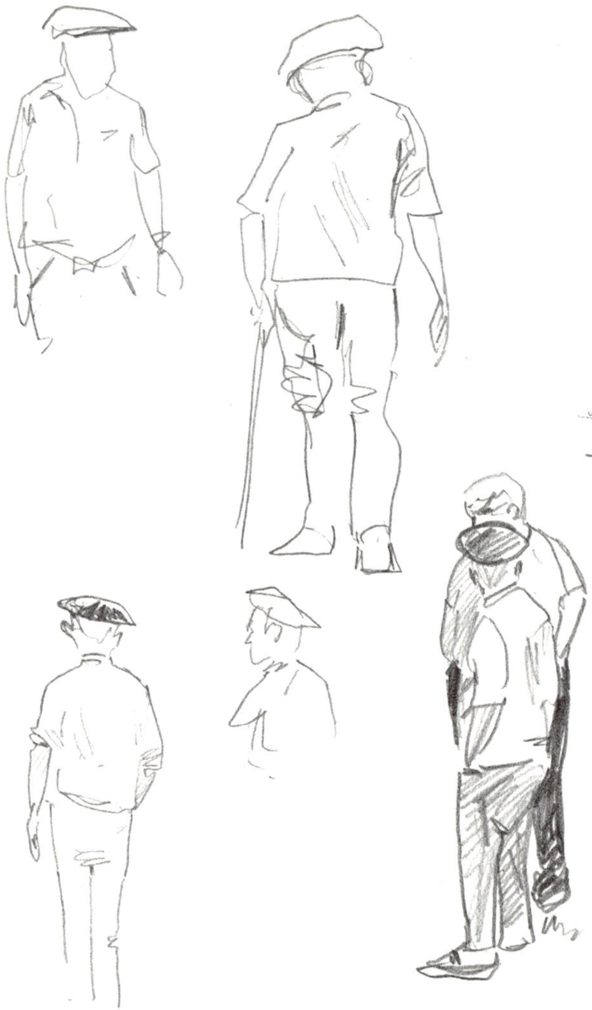

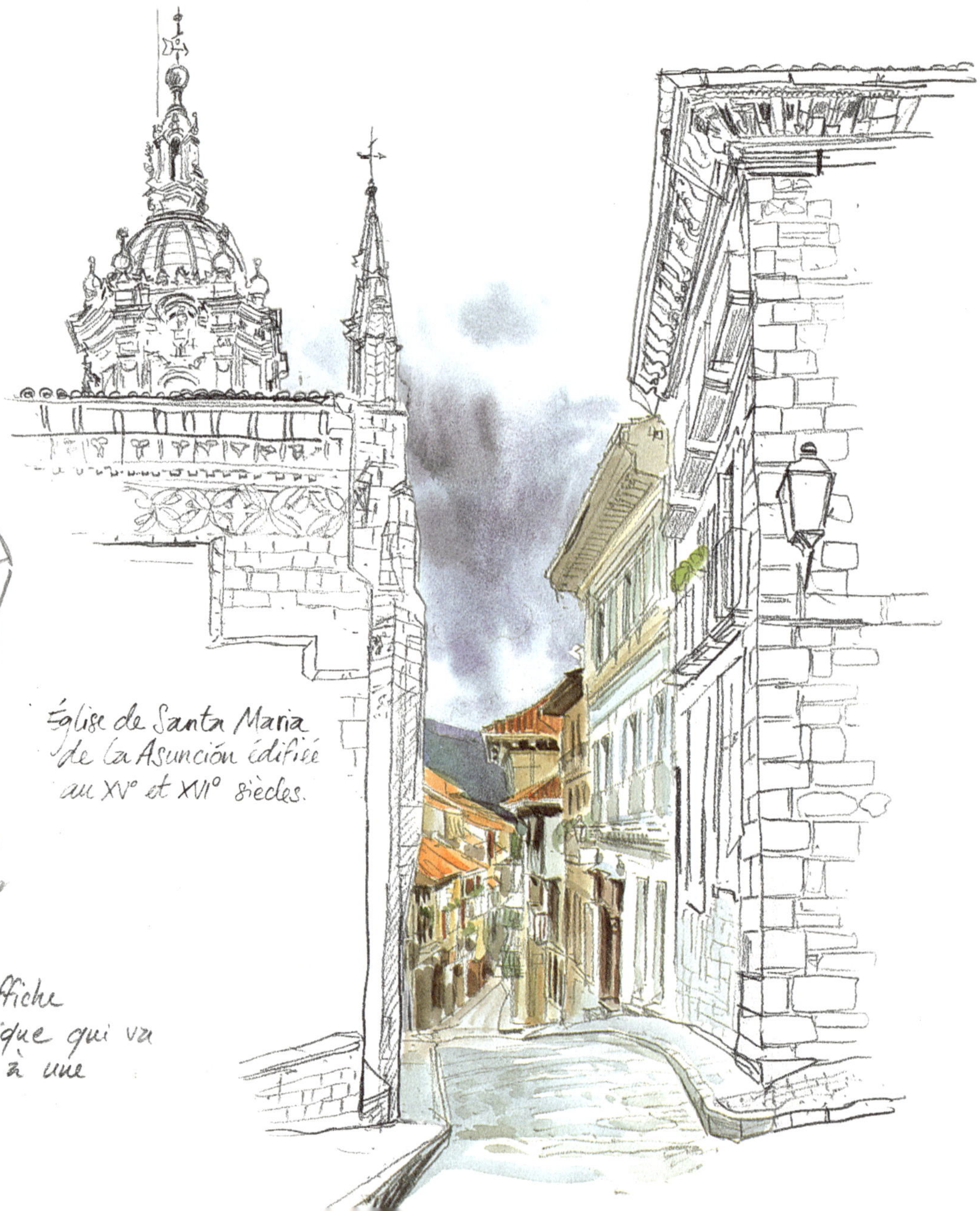

Église de Santa Maria de la Asunción édifiée au XVe et XVIe siècles.

Fontarabie, ville fortifiée en 1452, affiche aujourd'hui un calme anachronique qui va laisser place dans quelques jours à une folle féria : les fêtes de Notre-Dame de Guadeloupe.

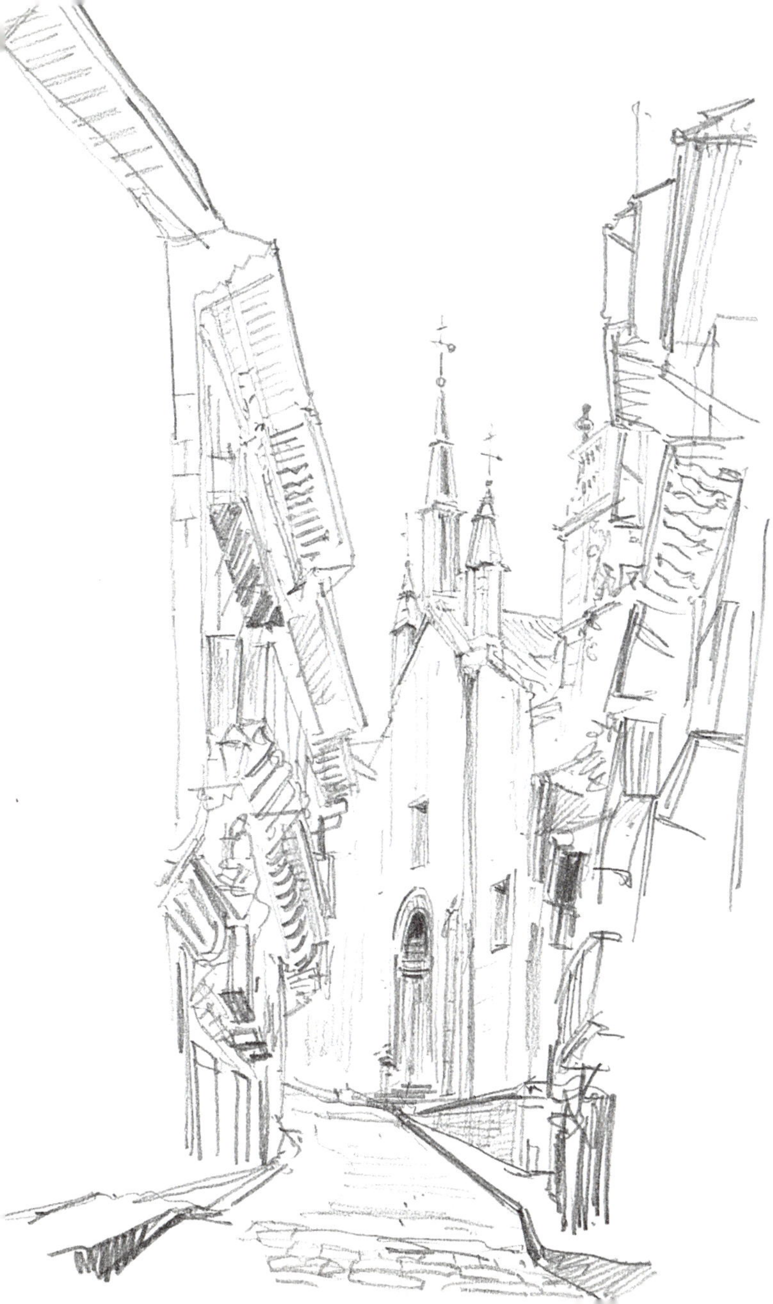

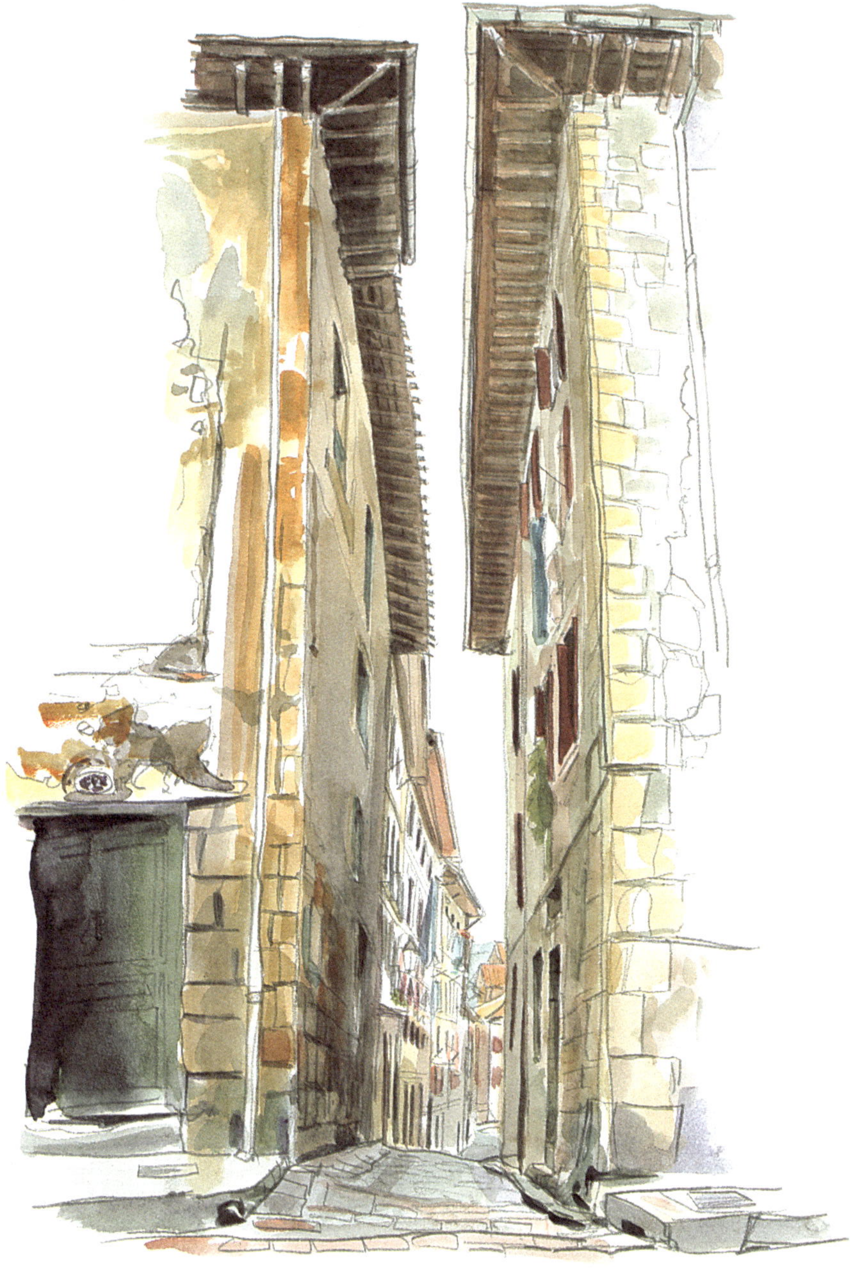

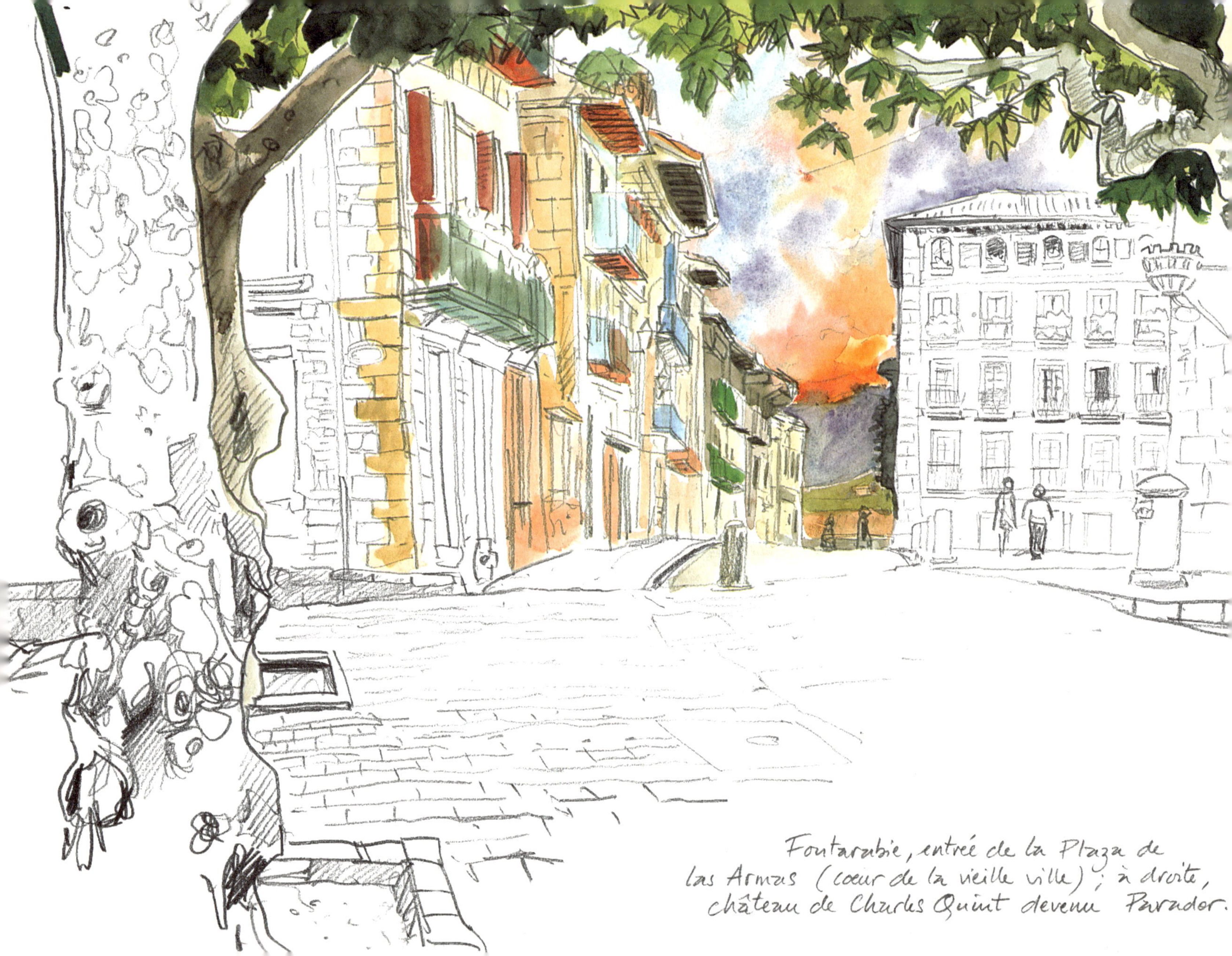

Fontarabie, entrée de la Plaza de las Armas (cœur de la vieille ville) ; à droite, château de Charles Quint devenu Parador.

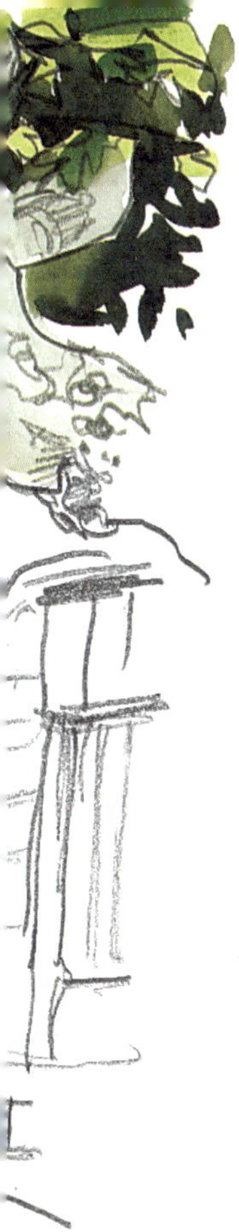

En 1638, les français assiègent Fontarabie dont les habitants implorent le secours de N.D. de Guadeloupe ; ce secours prend la forme d'une armée espagnole qui bombarde les français du haut du Jaizkibel. Depuis lors, le 8 sept. est la date des fêtes locales qui donnent lieu à un pélerinage à N.D. de Guadeloupe.

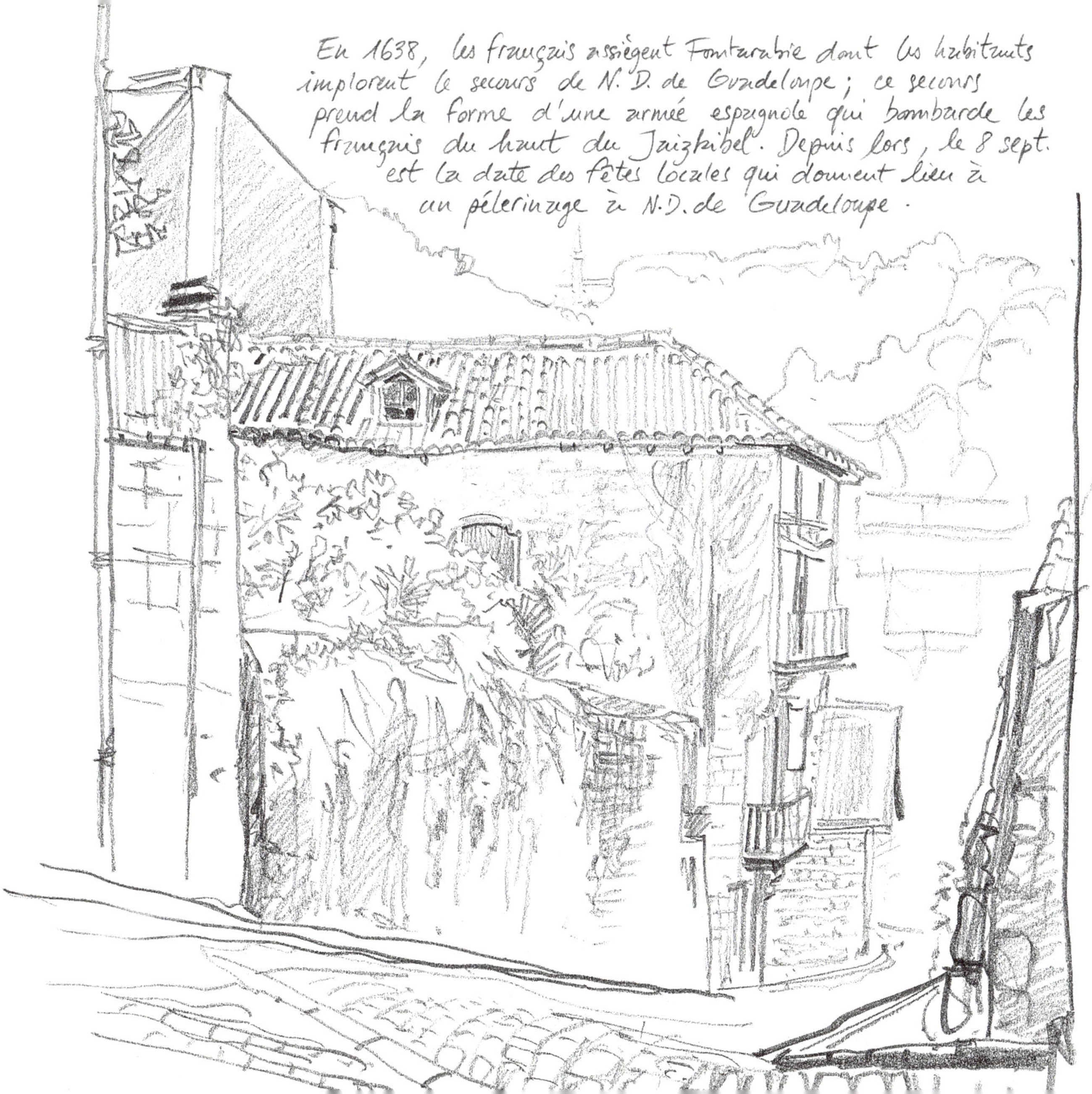

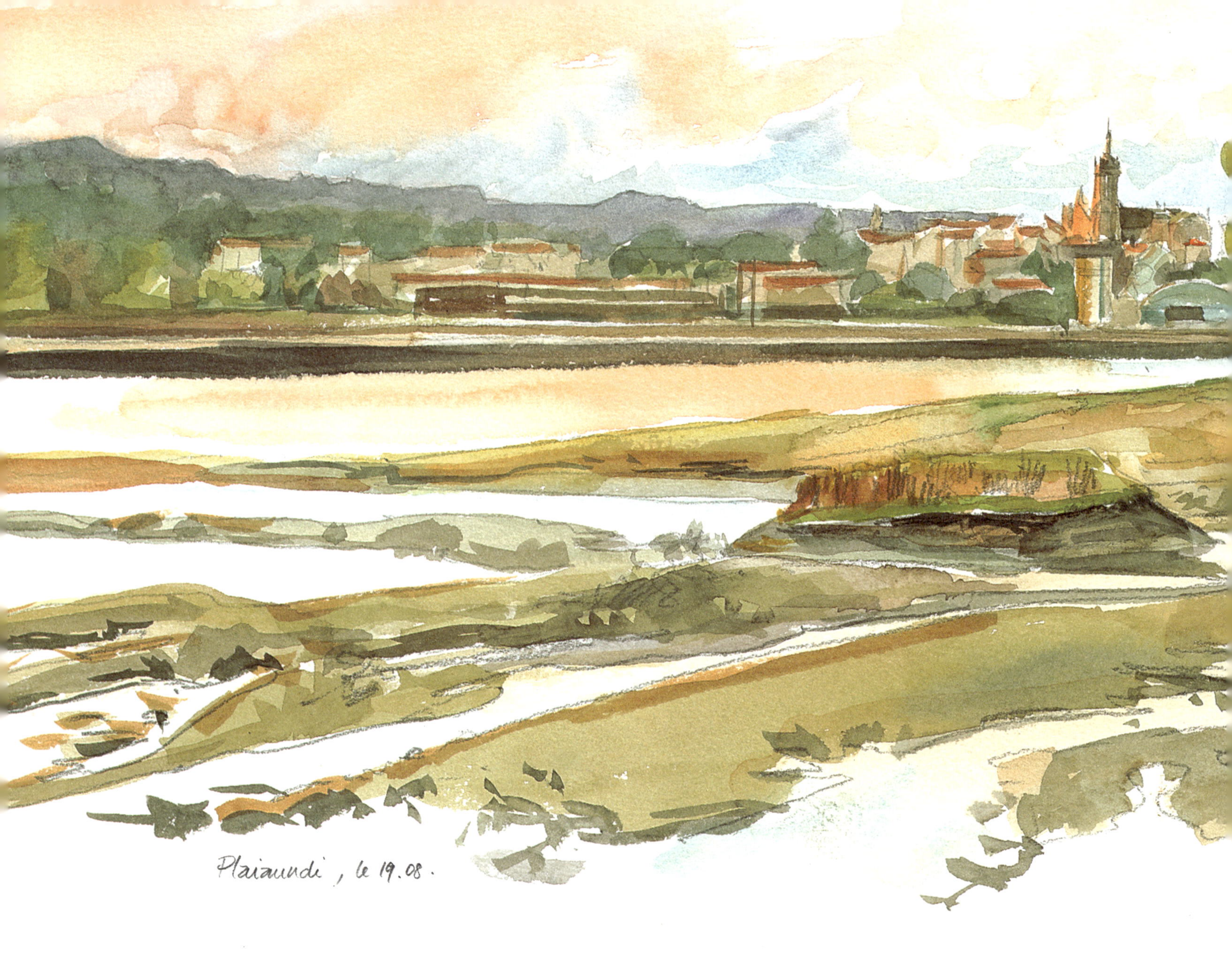

Plaiaundi, le 19.08.

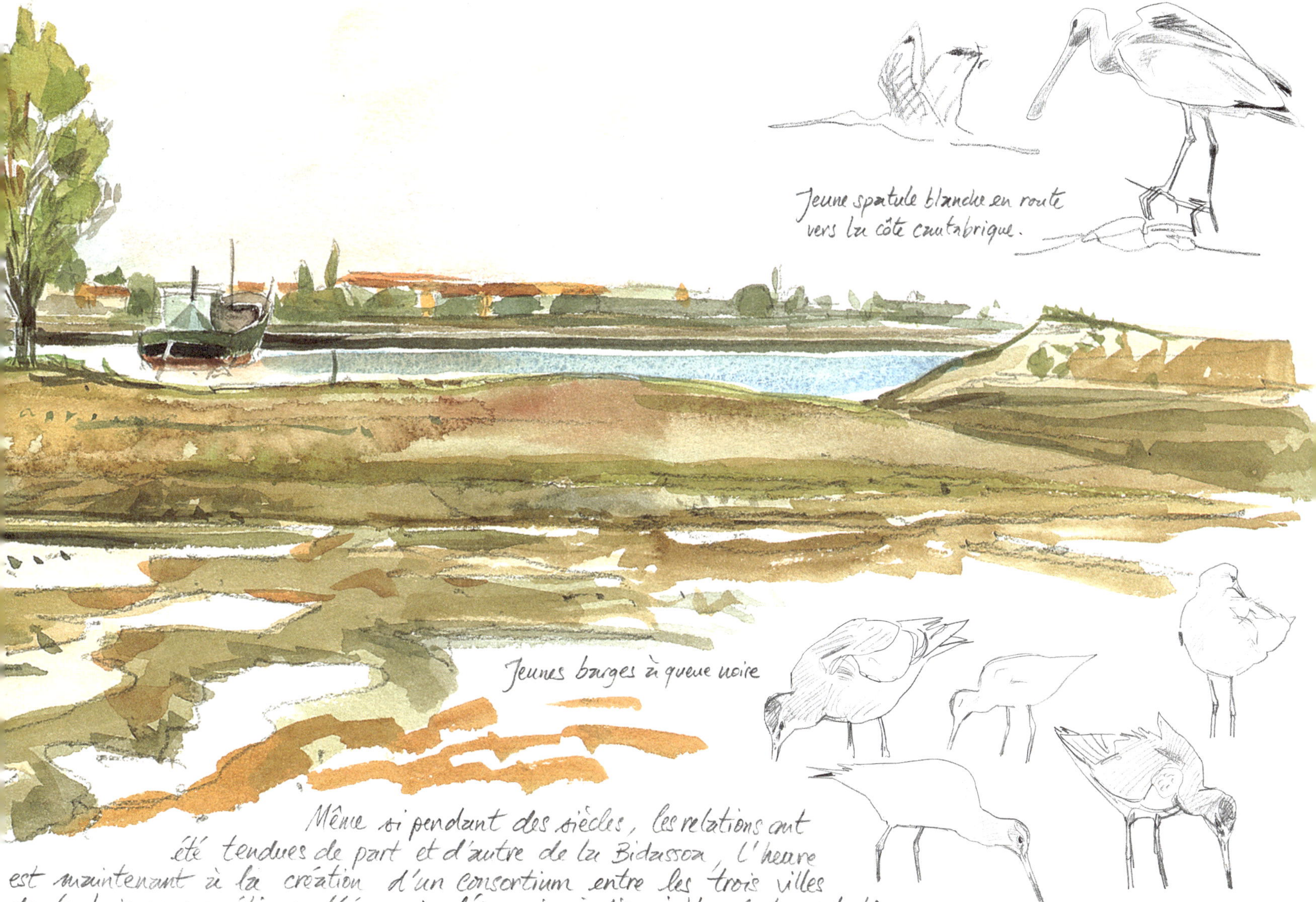

Jeune spatule blanche en route vers la côte cantabrique.

Jeunes barges à queue noire

Même si pendant des siècles, les relations ont été tendues de part et d'autre de la Bidassoa, l'heure est maintenant à la création d'un consortium entre les trois villes de la baie pour améliorer l'économie désormais indissociable de la protection de l'environnement.

Belle diversité d'espèces de limicoles en provenance des hautes latitudes (Groenland, Scandinavie, Sibérie), en halte migratoire avant de rejoindre la Mauritanie ou, pour certaines, les côtes Sud-africaines.

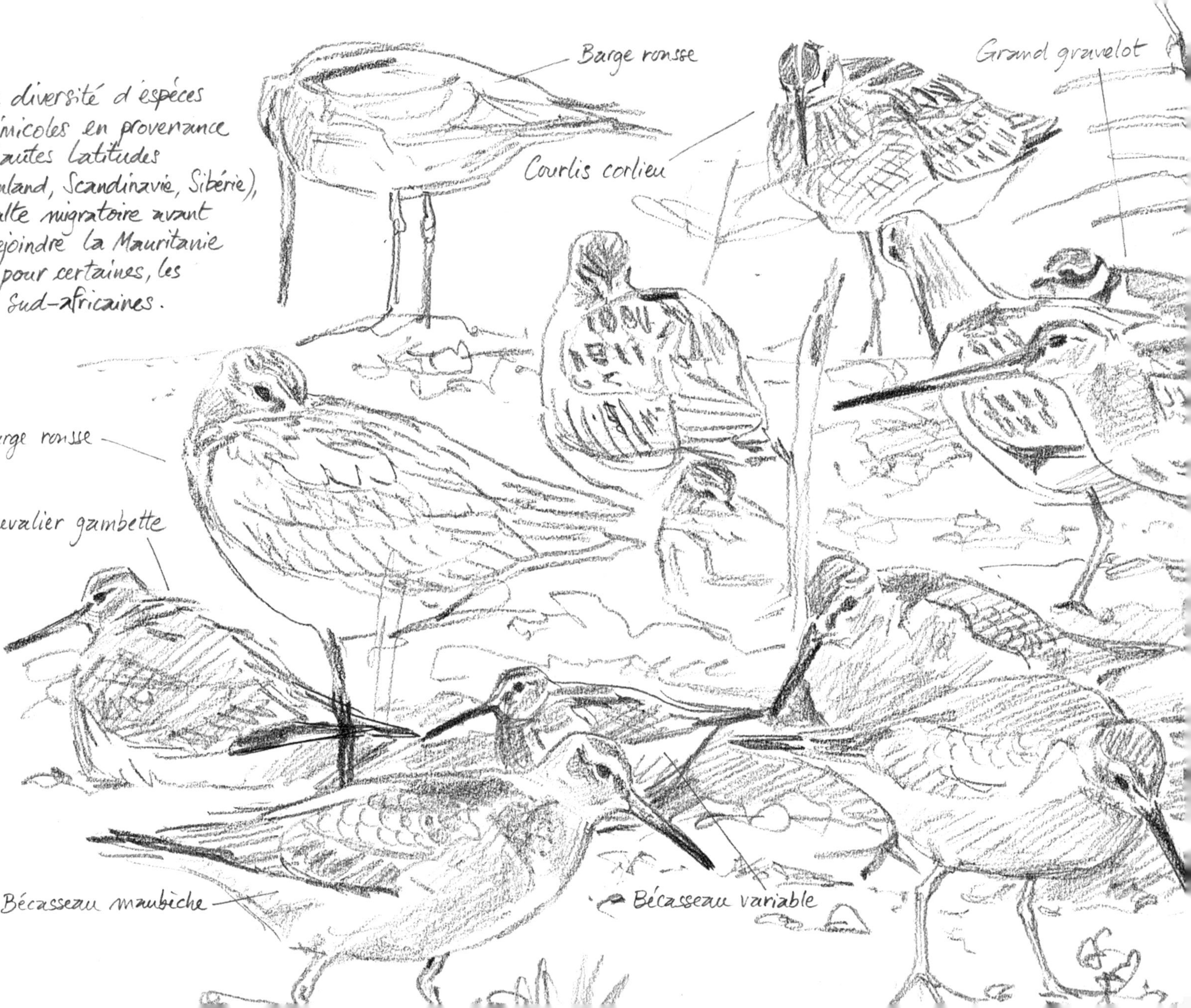

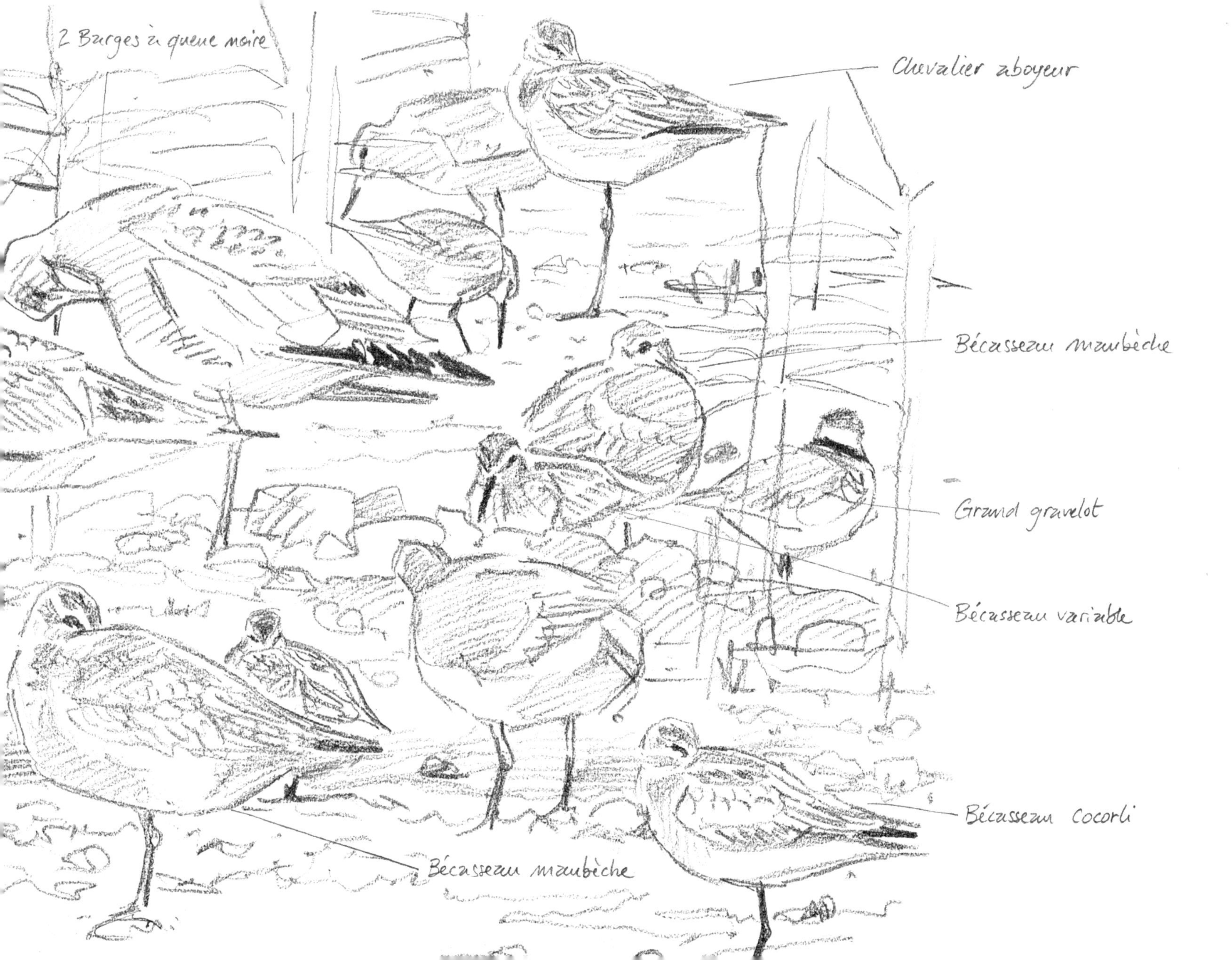

2 Barges à queue noire
Chevalier aboyeur
Bécasseau maubèche
Grand gravelot
Bécasseau variable
Bécasseau cocorli
Bécasseau maubèche

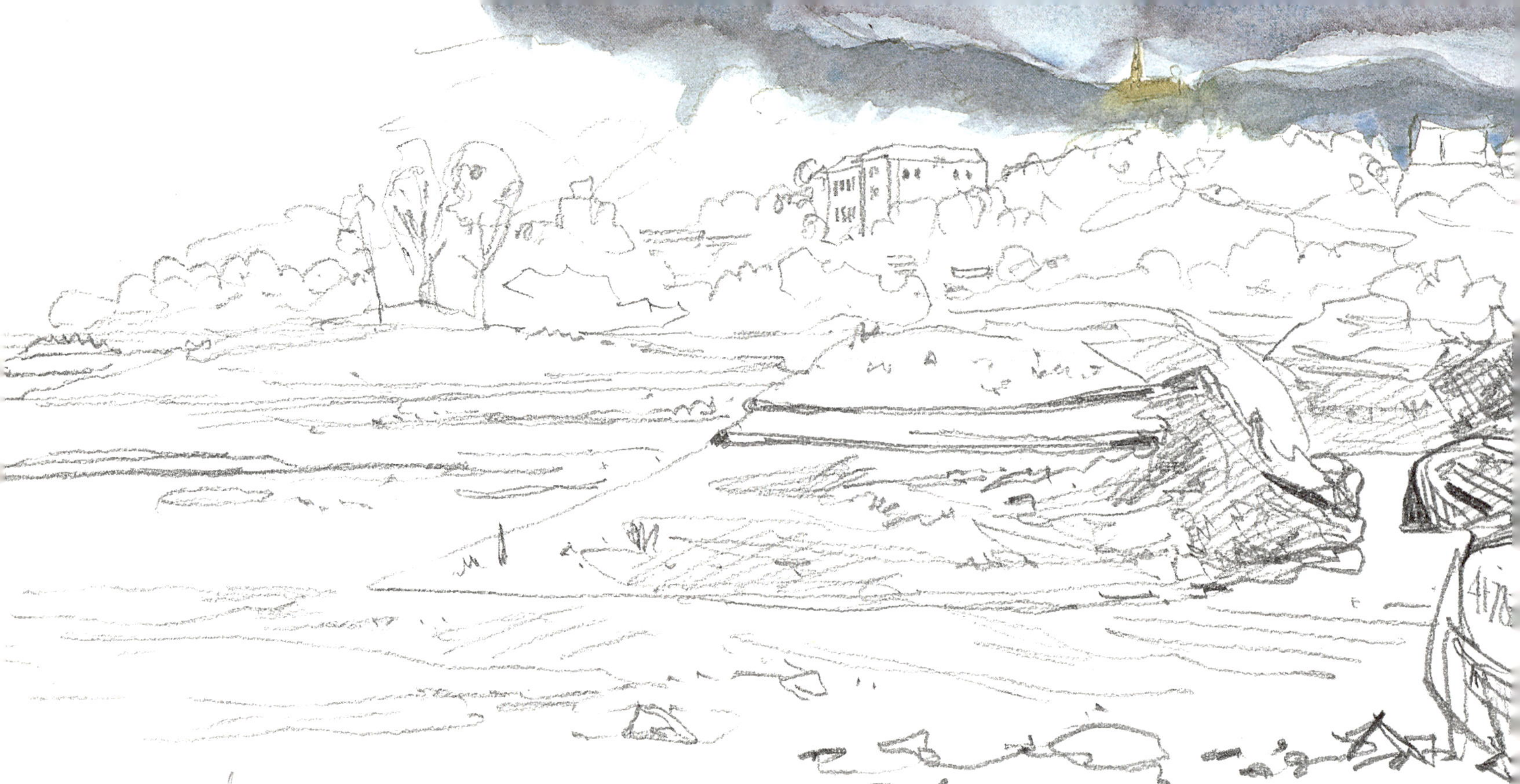

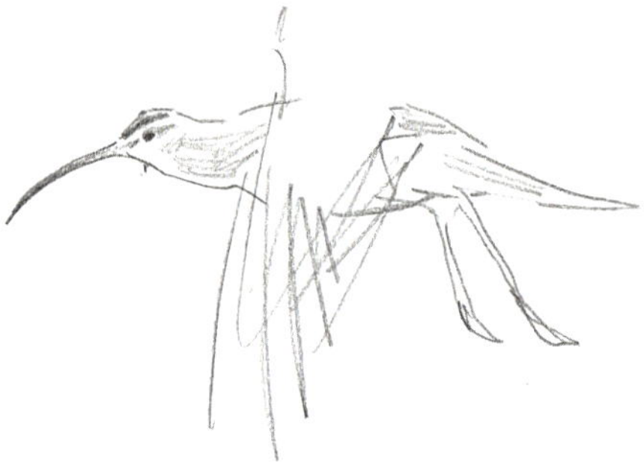

Courlis corlieu.

Tentative de réhabilitation de la baie de Txingudi dégradée par l'urbanisme, comme le déplorait déjà Pierre Loti au début du siècle, l'ouverture au public de la réserve de Plaiaundi est un premier pas vers la reconquête des richesses biologiques.

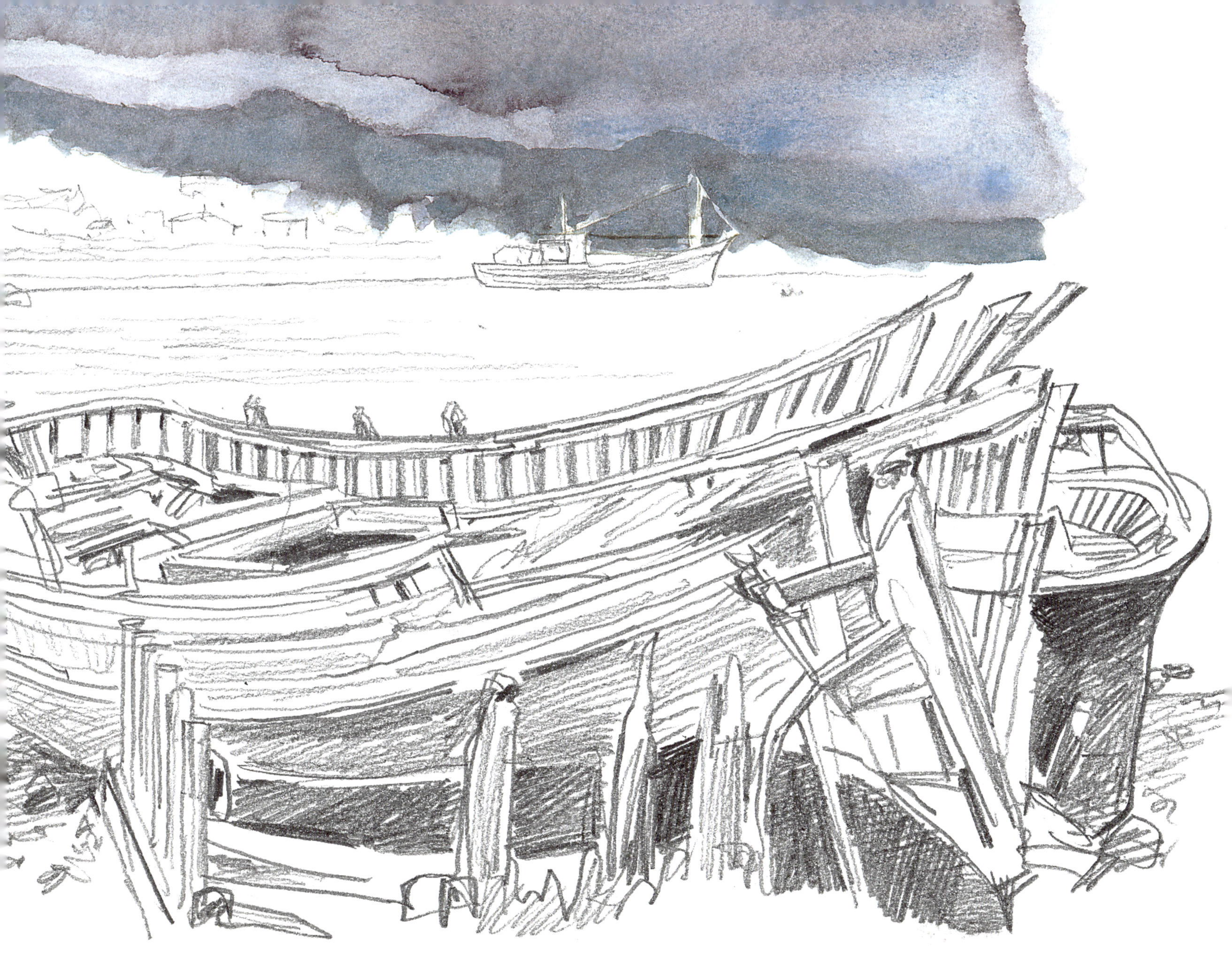

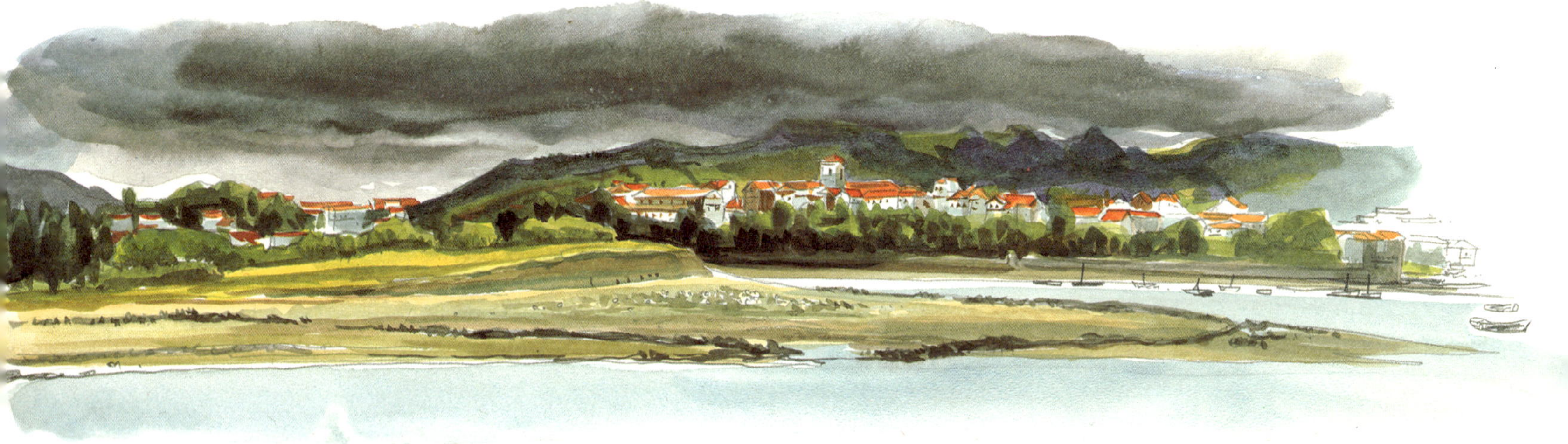

29.08. Lumière contrastée du matin sur l'îlot aux oiseaux ; derrière, les nuages venus d'Espagne recouvrent Hendaye et le massif des Trois Couronnes.

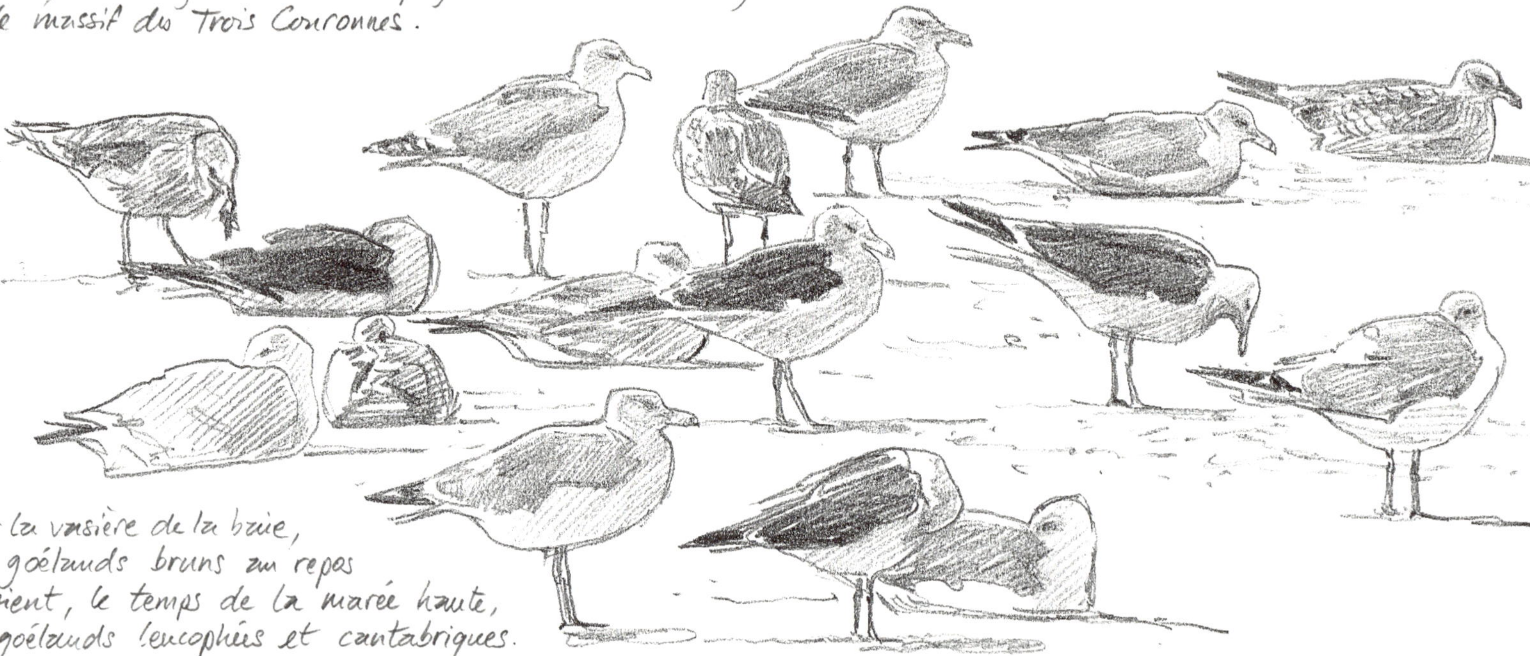

Sur la vasière de la baie, les goélands bruns au repos côtoient, le temps de la marée haute, les goélands leucophées et cantabriques.

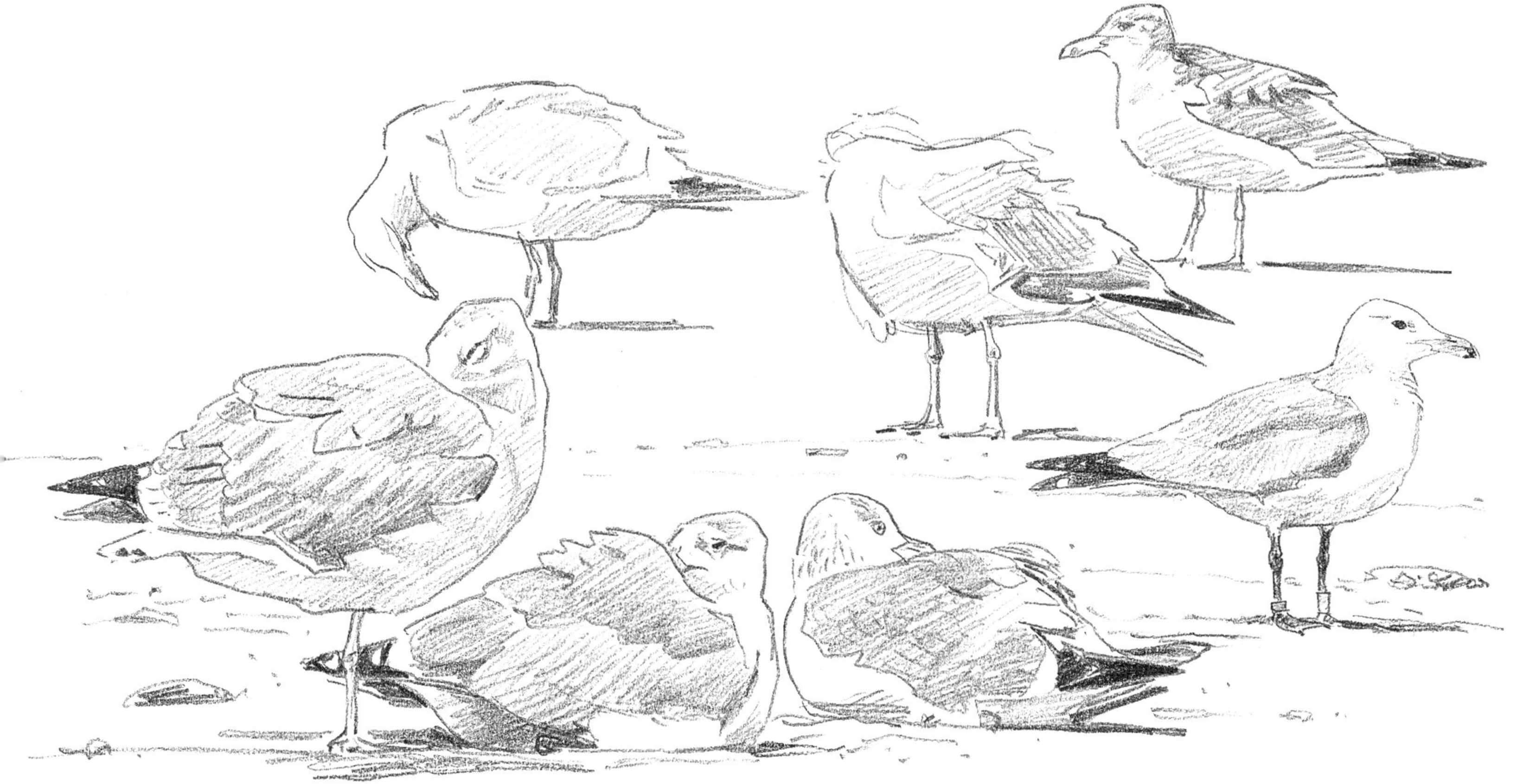

Parfois les habituels goélands peuvent cacher le rare goéland d'Audouin comme celui observé pour la première fois dans le département ce 16 mai ; la bague blanche qu'il porte à la patte gauche indique qu'il vient des colonies espagnoles du delta de l'Ebre.
(Dessinés au télescope).

Aquis à partir de 1979 le domaine d'Abbadia reste le site phare de la protection du littoral basque.

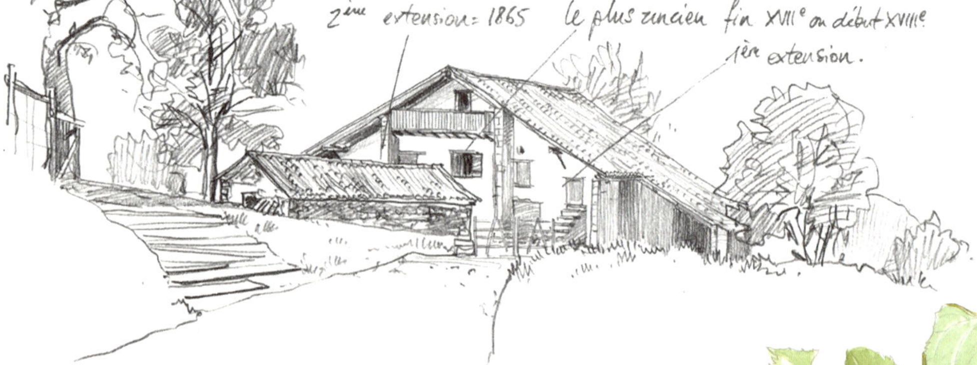

La maison traditionnelle basque abrite à la fois hommes, bétail et matériel, elle évolue en fonction de la taille de la famille dont les membres restent à la ferme et constituent la main d'œuvre agricole. Témoin d'agrandissement successifs, ces toitures aux pentes assymétriques.

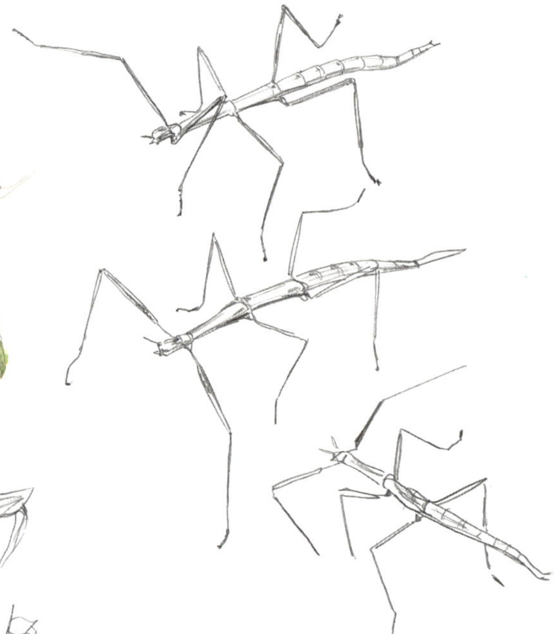

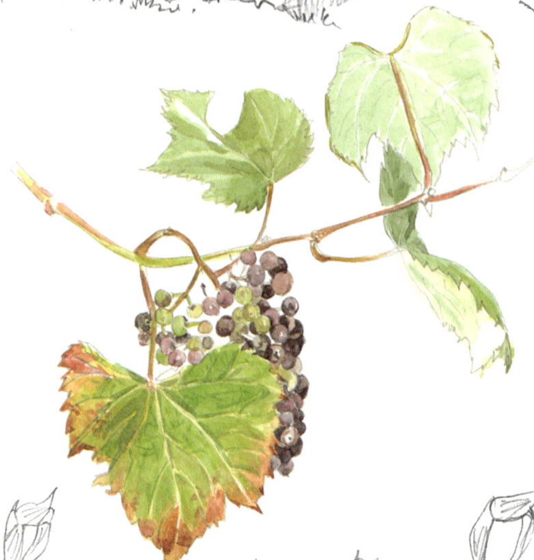

Zygène sur un Brachypode penné et de la Bruyère vagabonde

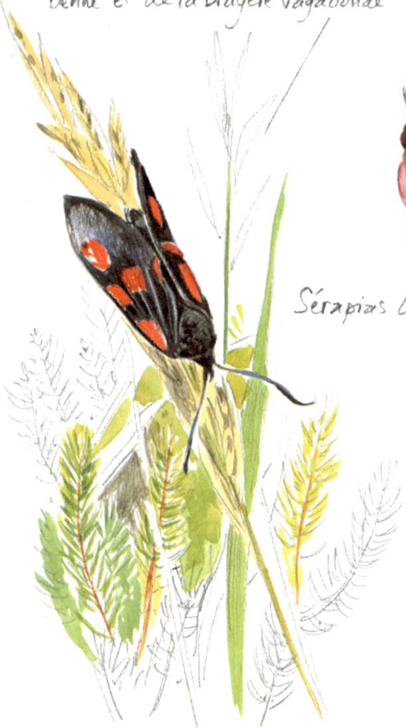

Sérapias Langue

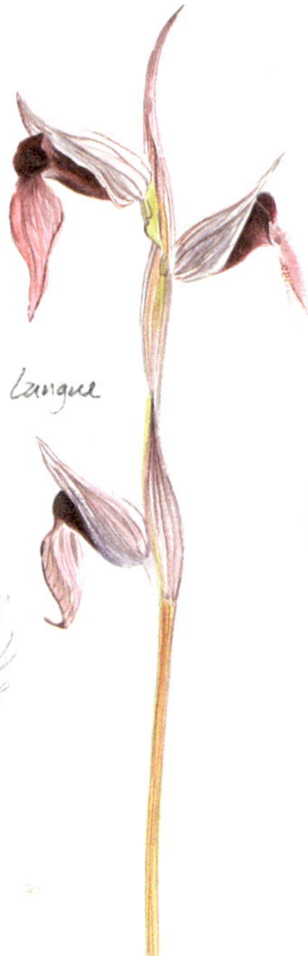

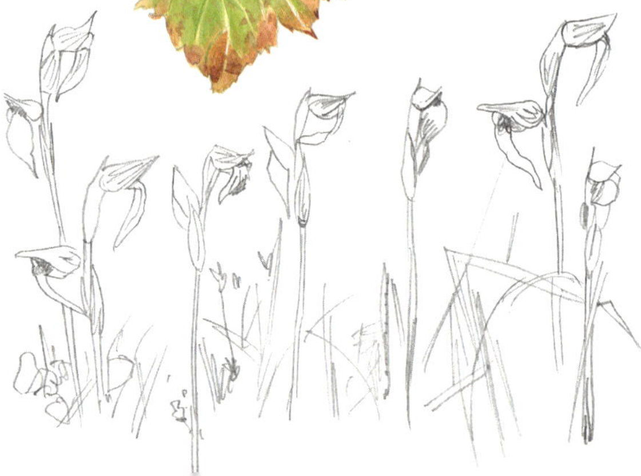

L'entourage de Nekatto cache quelques plantes protégées comme la rare Sérapias Langue et quelques petites bêtes fascinantes.

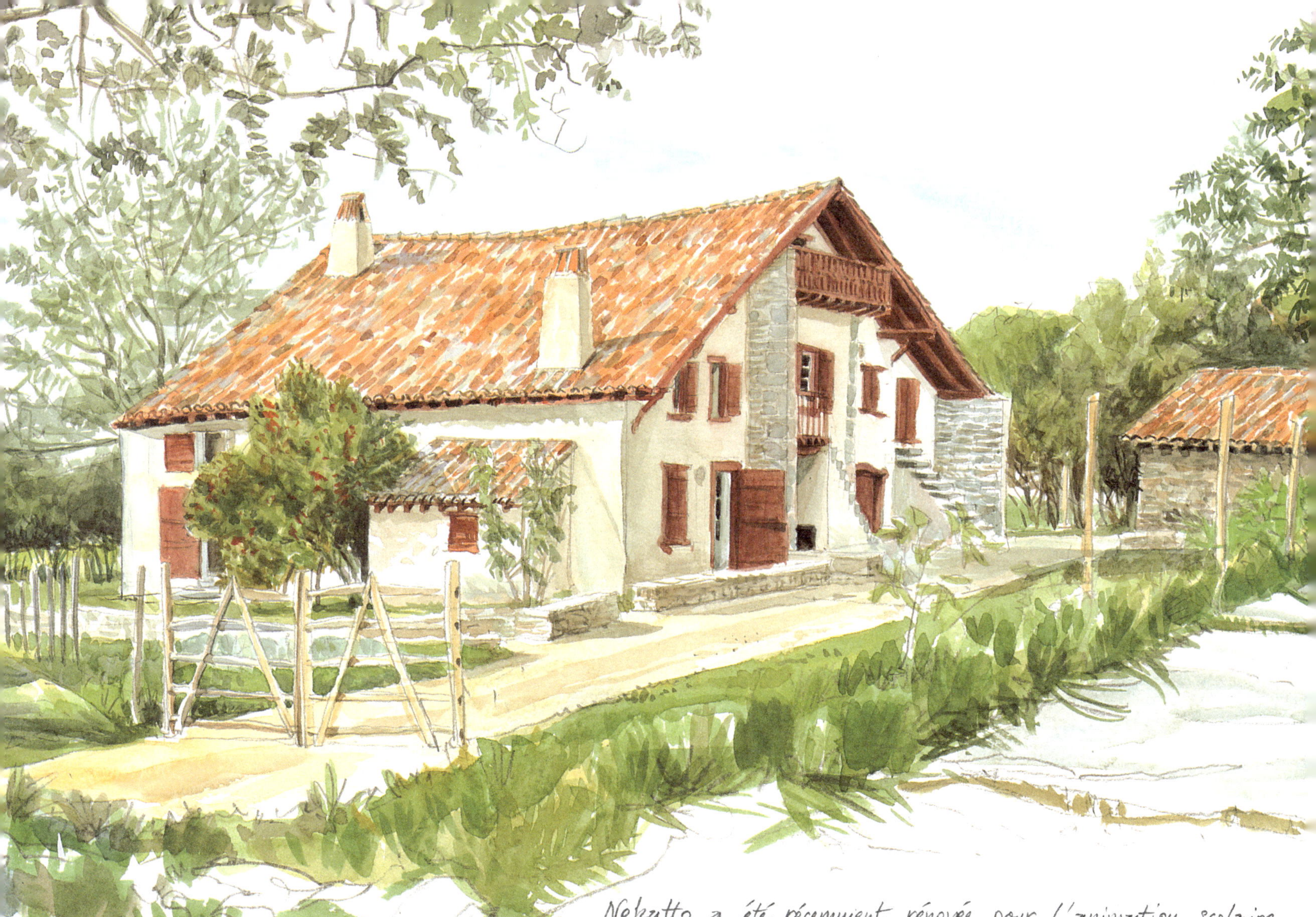

Nekatto a été récemment rénovée pour l'animation scolaire et sert également d'atelier-résidence pour artistes, mettant ainsi en valeur le patrimoine à la fois naturel et culturel.

Antoine d'Abbadie, astronome, explorateur de l'Éthiopie, acquiert le domaine en 1850 et fait d'y édifier son château en 1870. Oeuvre d'Eugène Viollet-le-Duc, de style néogothique, caractérisée en outre par son bestiaire fantastique...

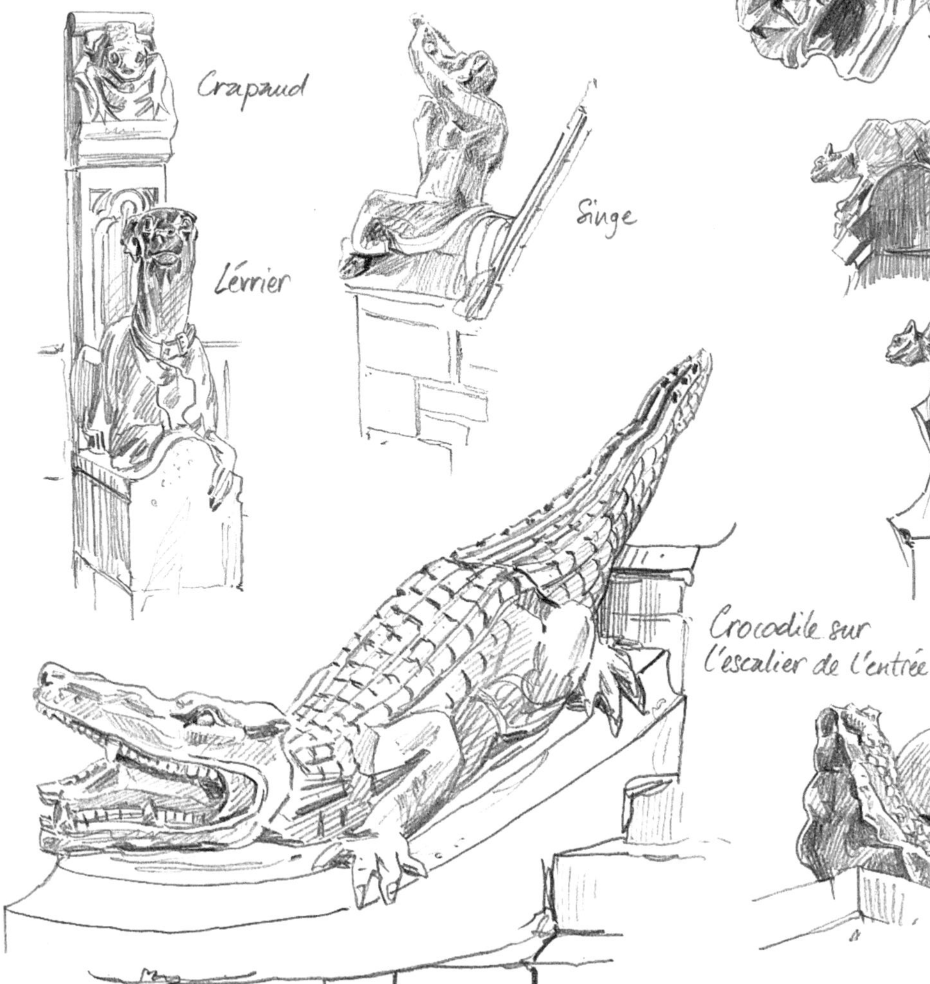

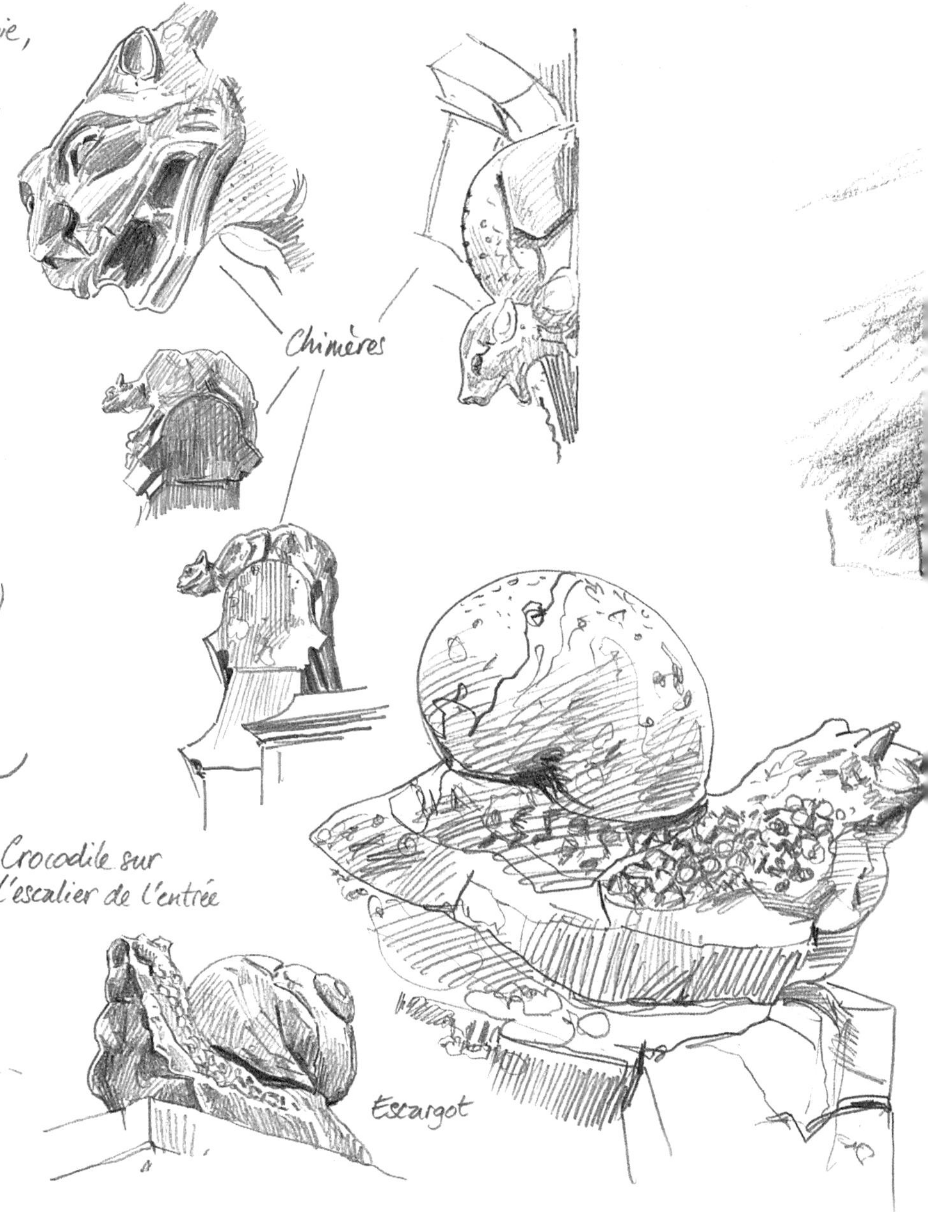

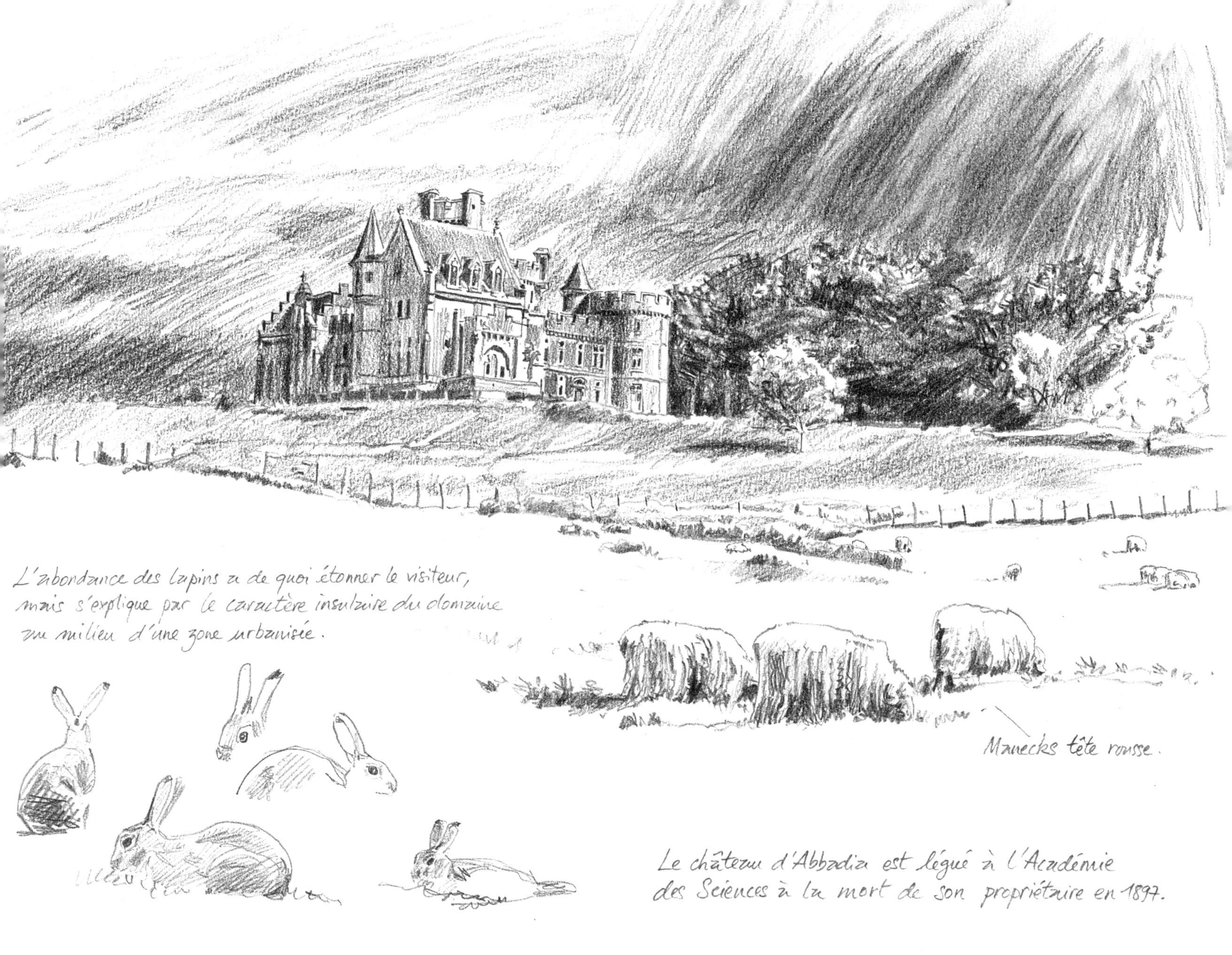
L'abondance des lapins a de quoi étonner le visiteur,
mais s'explique par le caractère insulaire du domaine
au milieu d'une zone urbanisée.
Manecks tête rousse.
Le château d'Abbadia est légué à l'Académie
des Sciences à la mort de son propriétaire en 1897.

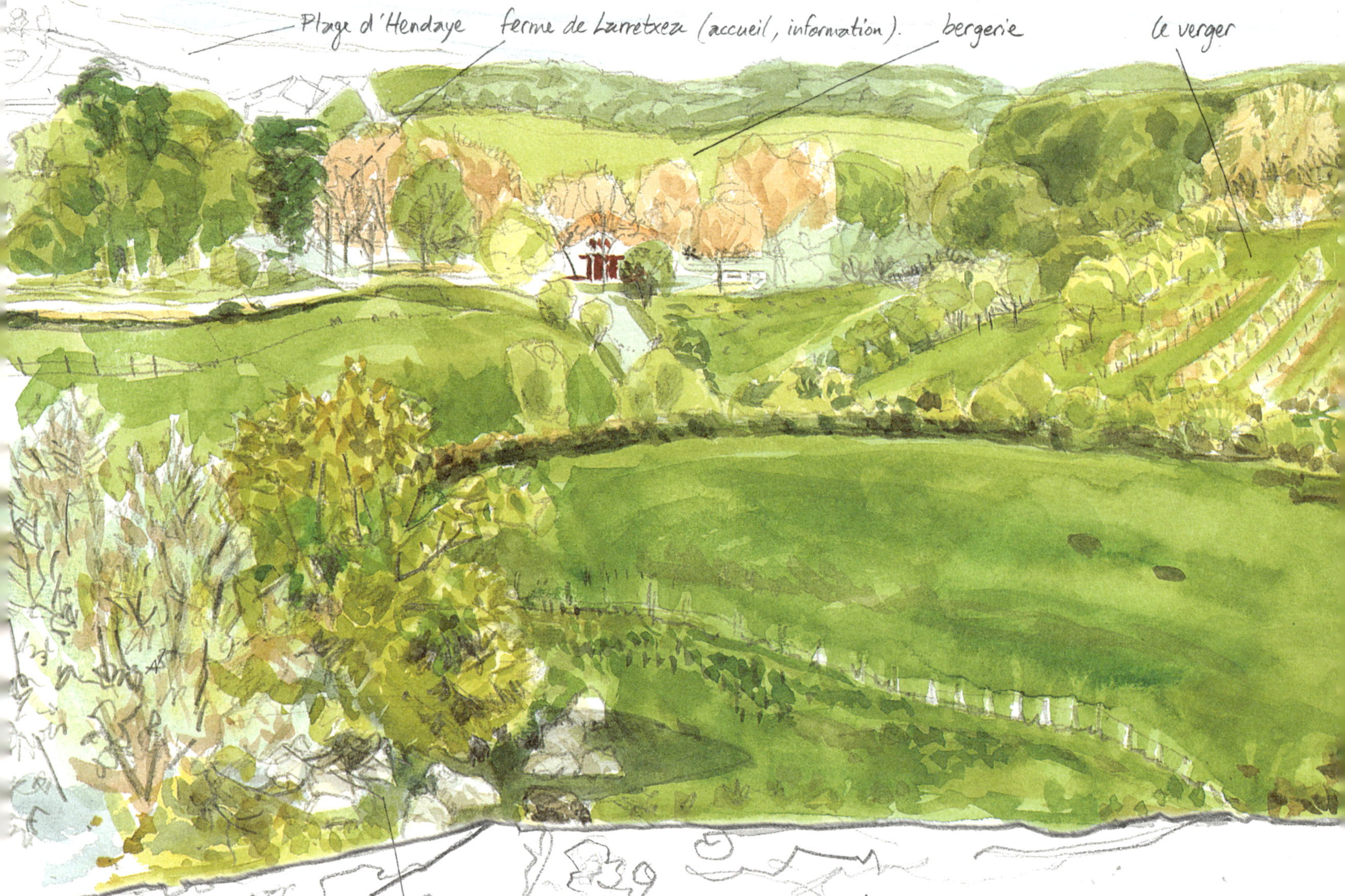

Le verger conservatoire planté en 1988,
en remplacement d'anciennes cultures de maïs,
est un élément de diversité dans le paysage.

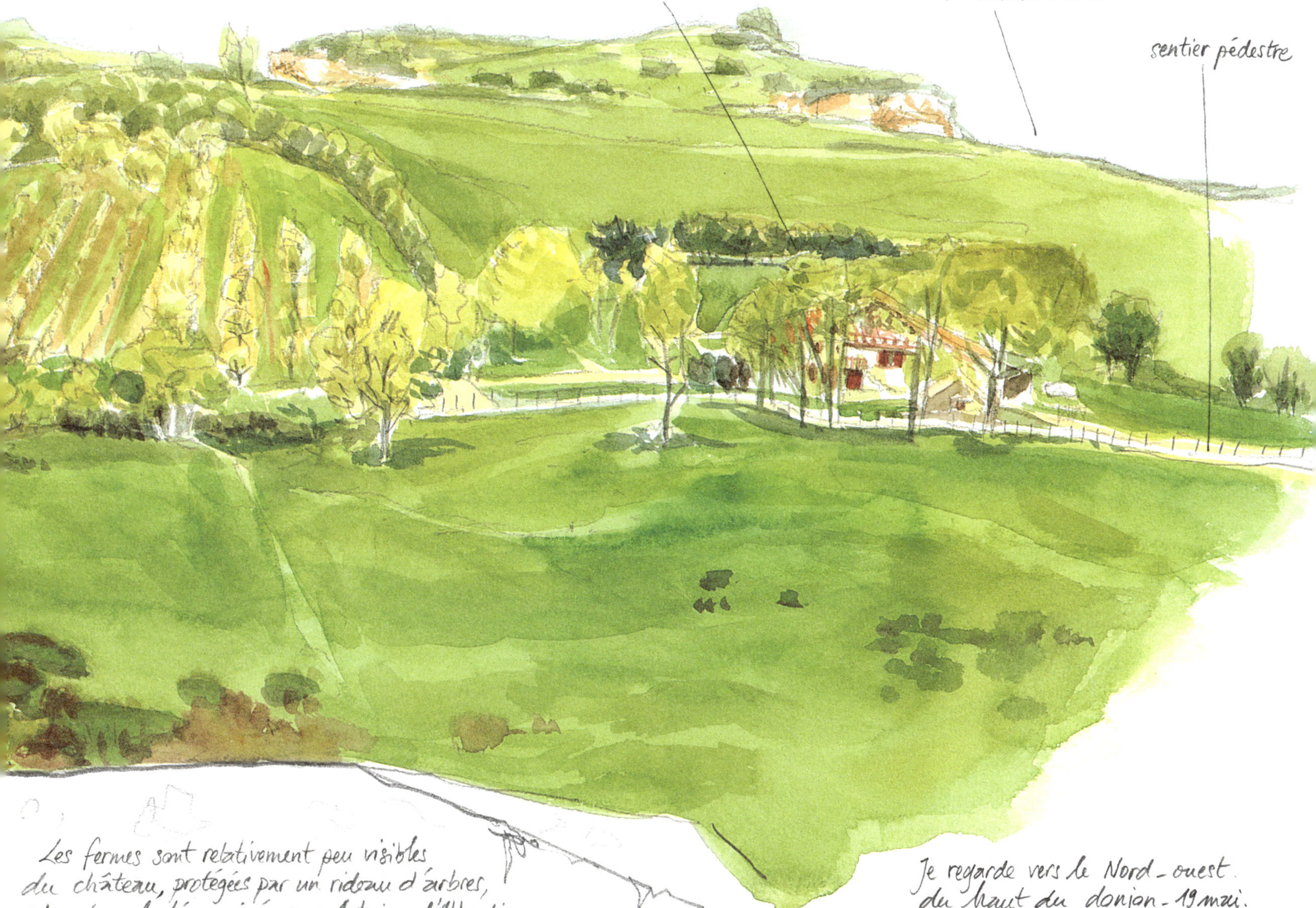

Les fermes sont relativement peu visibles du château, protégées par un rideau d'arbres, selon la volonté exprimée par Antoine d'Abbadie.

Je regarde vers le Nord-ouest du haut du donjon - 19 mai.

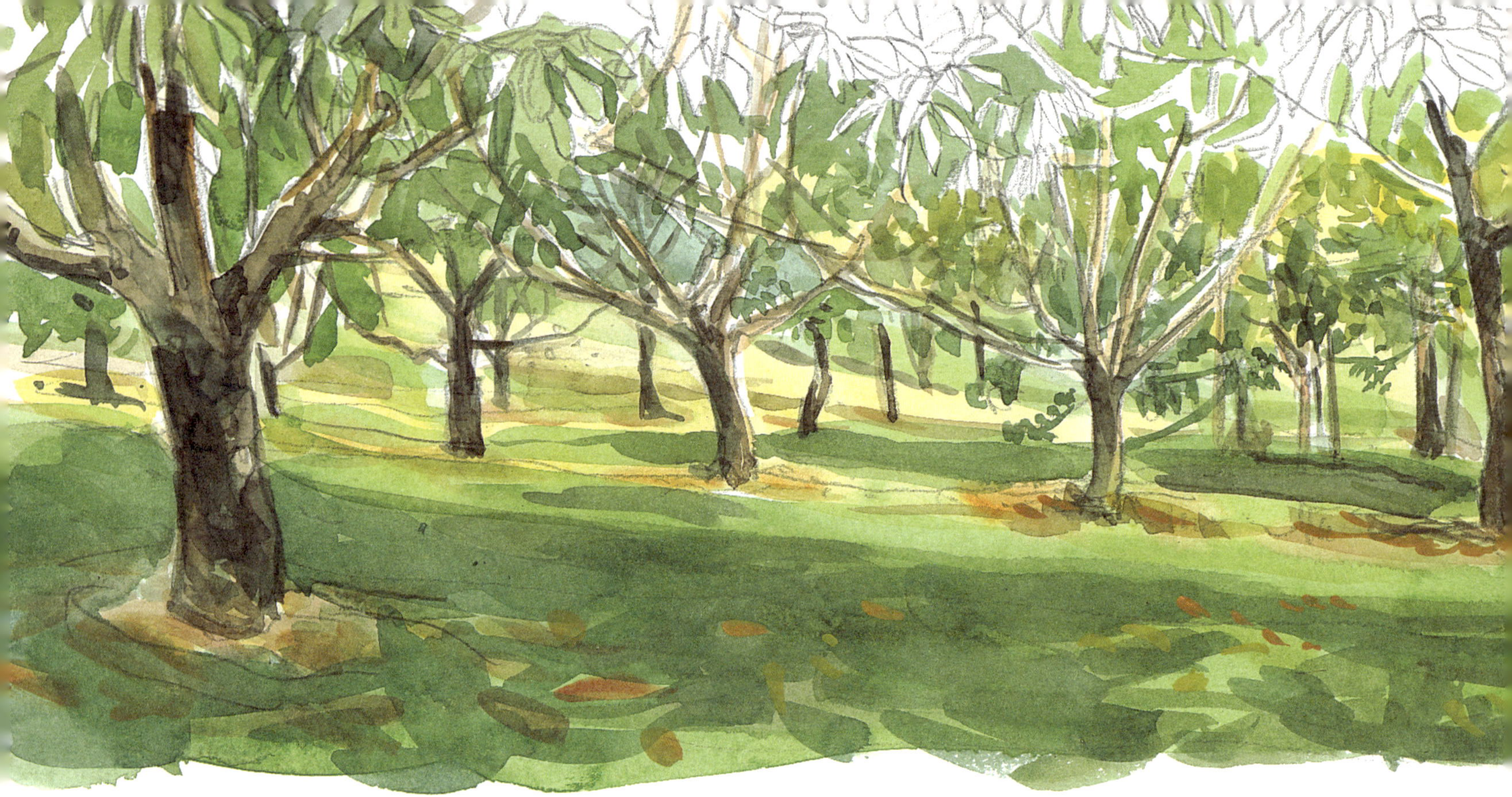

Un verger de variétés fruitières anciennes a été reconstitué par le Conservatoire du littoral, pour préserver le patrimoine génétique menacé de disparition. Cinq cents fruitiers sont plantés :

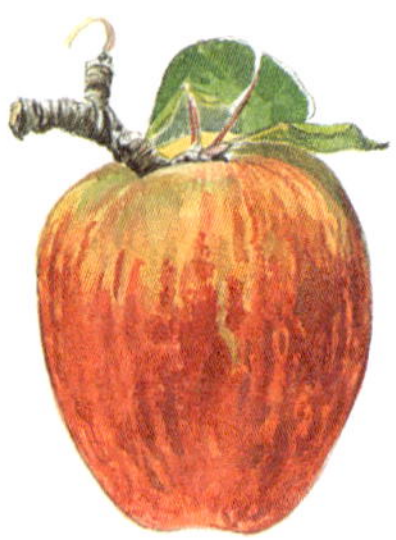

Semis de Pouzac

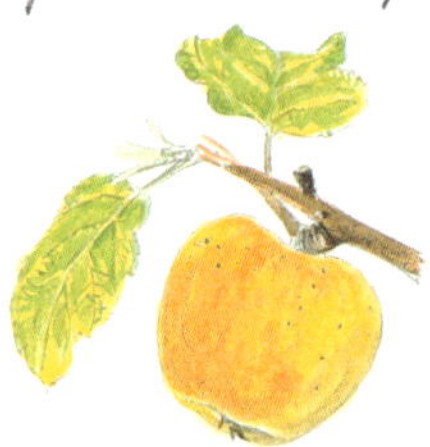

Blanquette

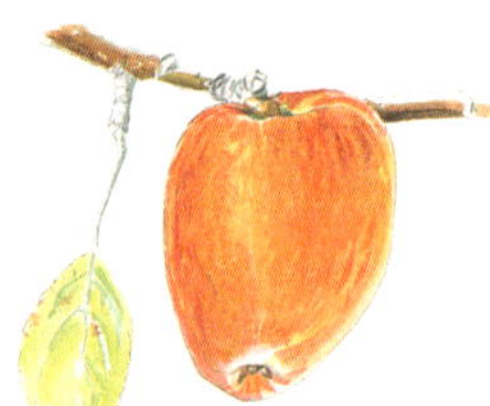

Rainette rose

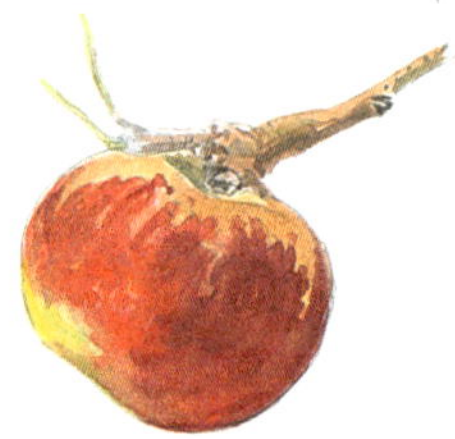

Rougeur de pêche

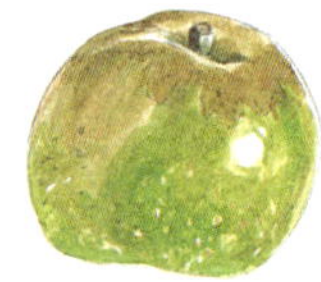

Canino del clots

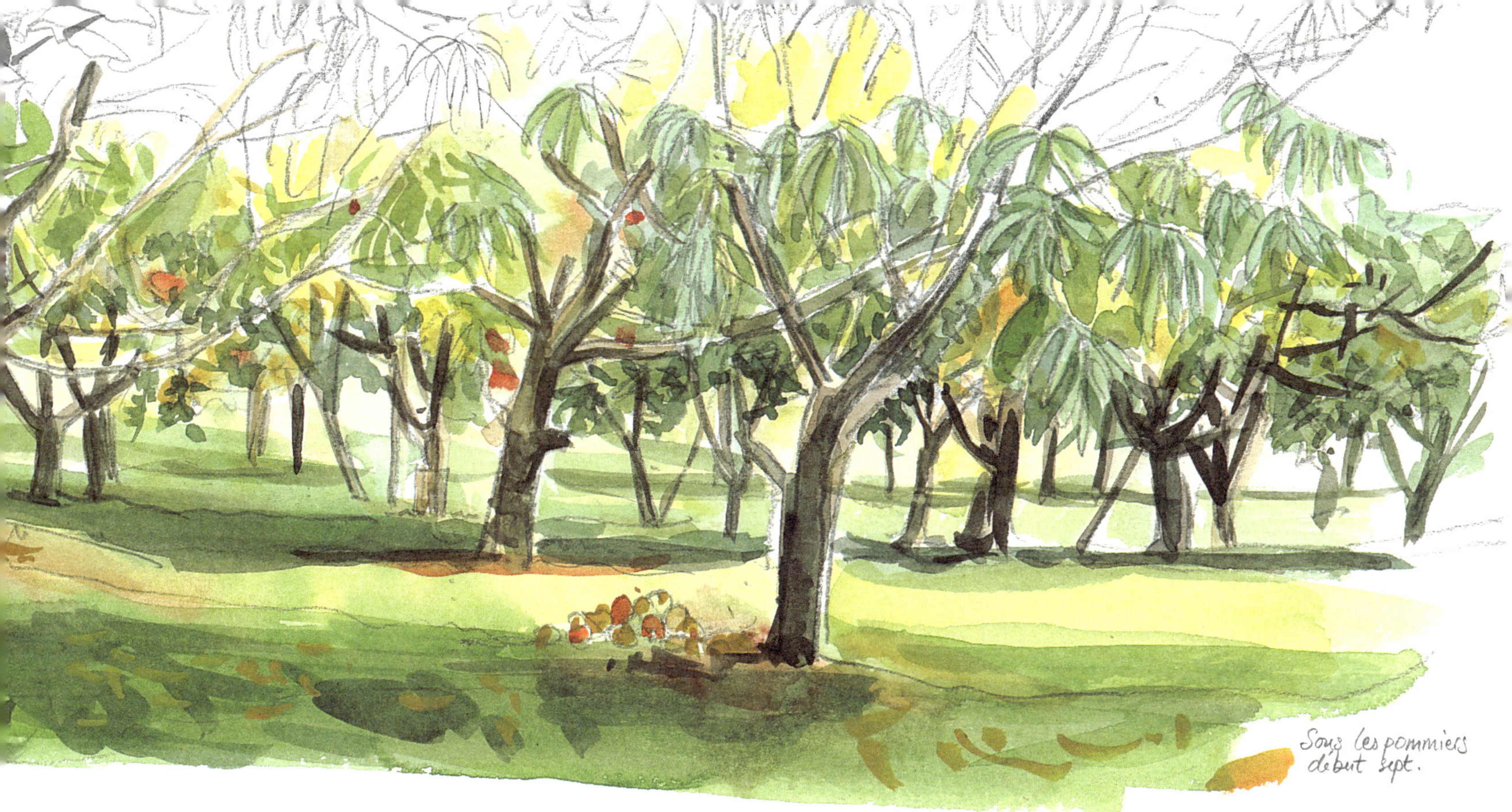

Sous les pommiers
début sept.

essentiellement des pommiers, des cerisiers et quelques poiriers, pêchers et néfliers.
Abbadia est une antenne du Conservatoire Végétal régional d'Aquitaine.

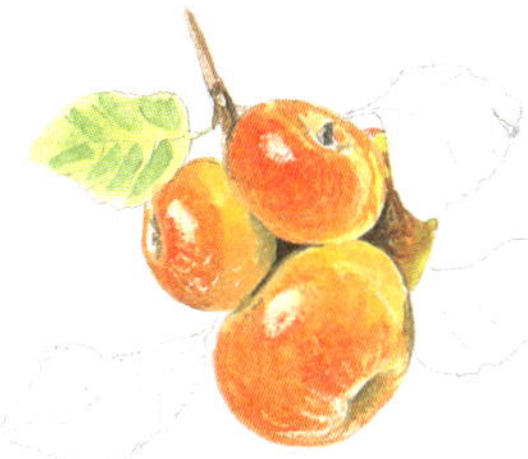

Rosalie

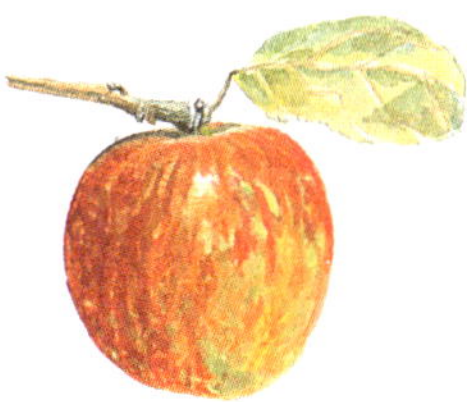

Rosalie Arcangues

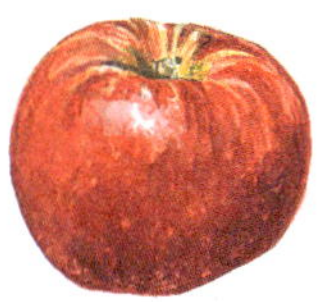

Pay Bou Montgallia

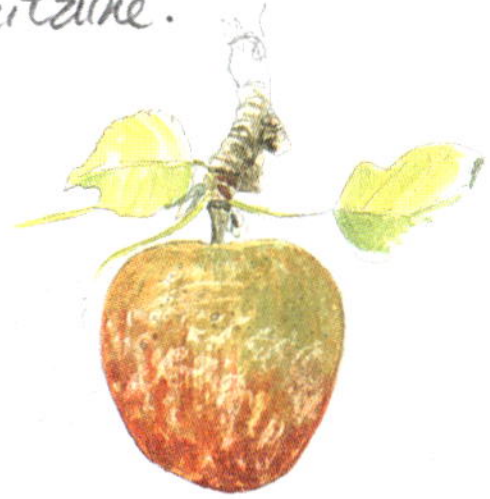

Udarre Sagarra

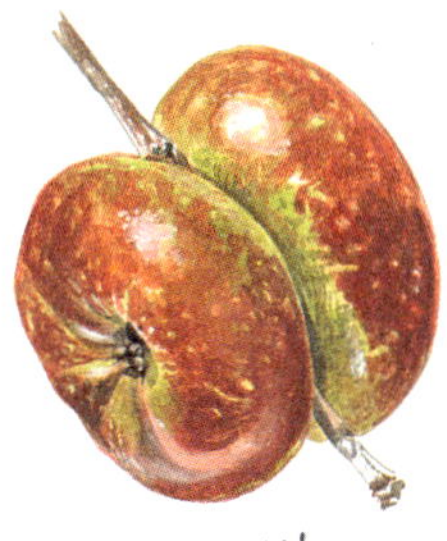

Toureillère

La future zone que souhaite protéger le Conservatoire couvre 200 ha supplémentaires, 6 km de côtes qui resteront vierges. L'acquisition de la corniche permettra d'assurer une complémentarité à la fois faunistique et paysagère. Et si la route côtière ne pouvait devenir qu'une piste cyclable...
(au premier plan, le bois d'Urlaube)

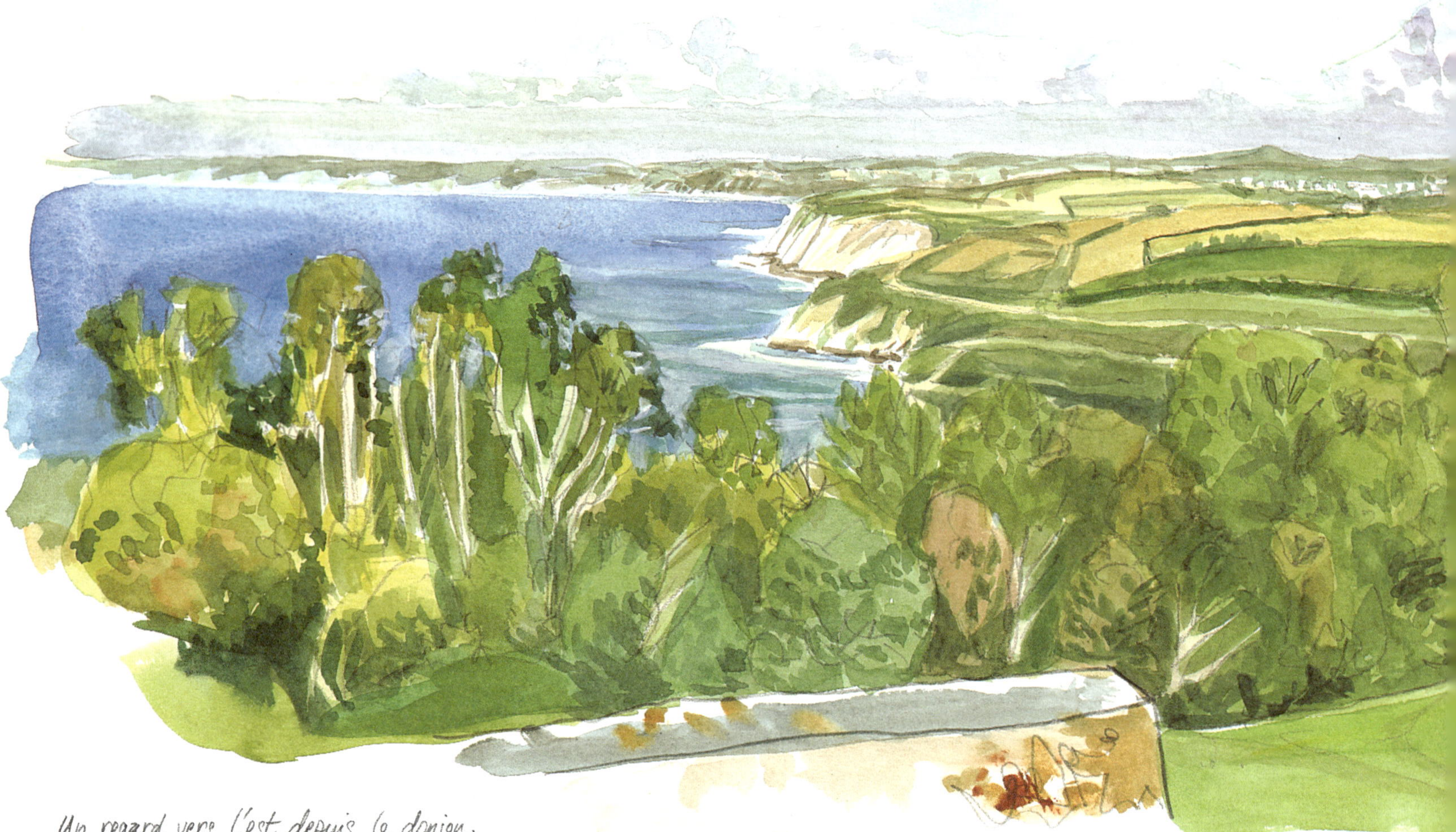

Un regard vers l'est depuis le donjon.

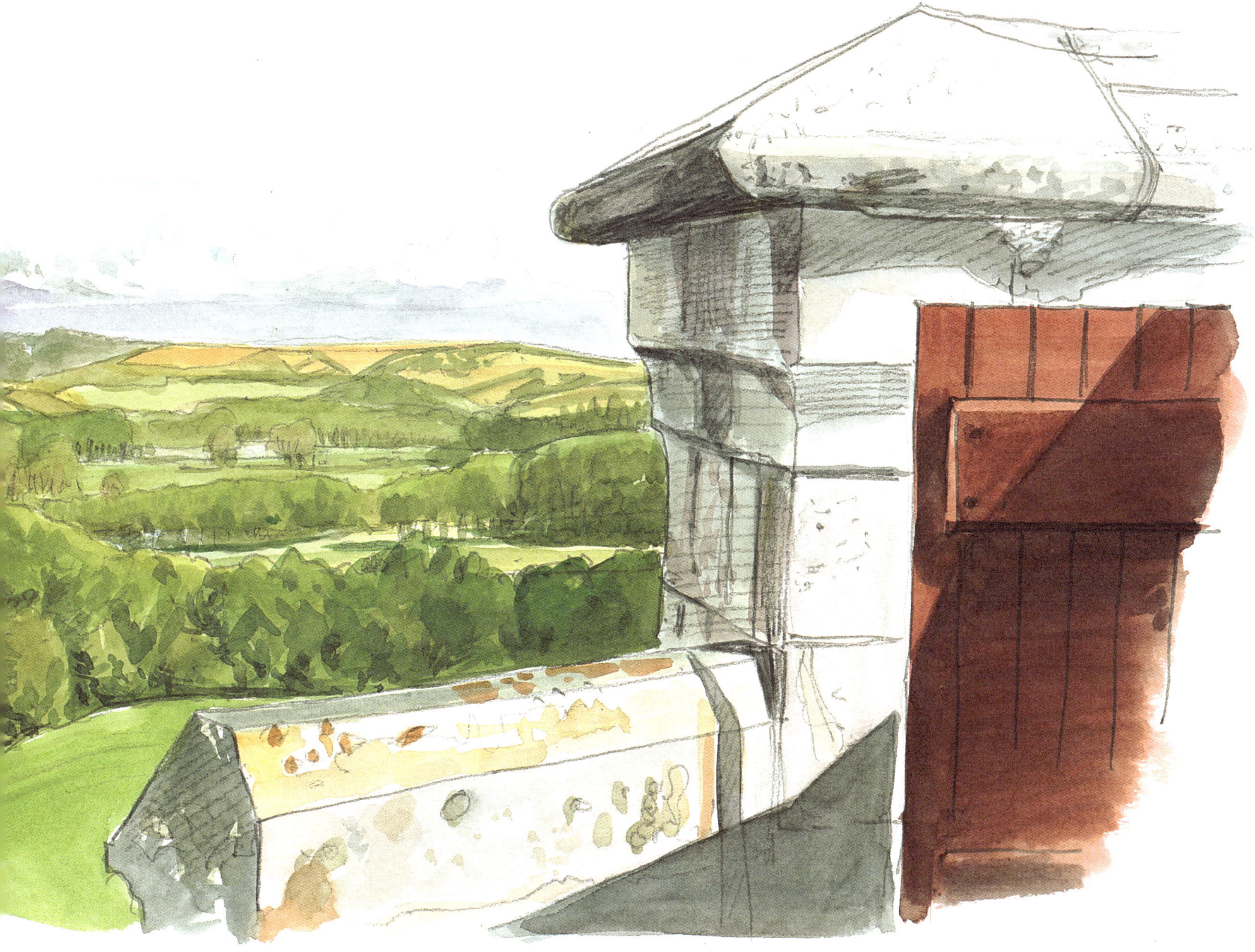

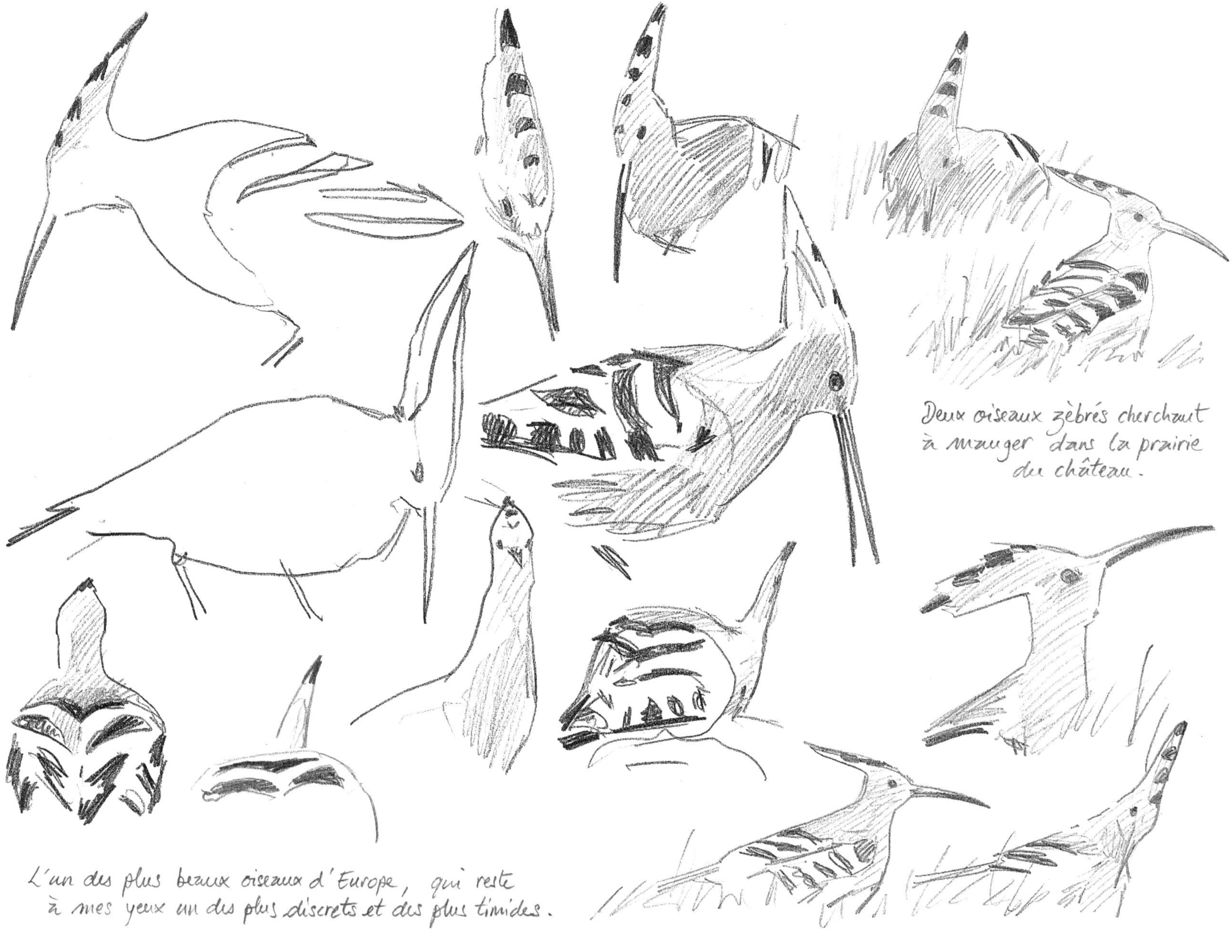
Deux oiseaux zèbrés cherchant à manger dans la prairie du château.
L'un des plus beaux oiseaux d'Europe, qui reste à mes yeux un des plus discrets et des plus timides.

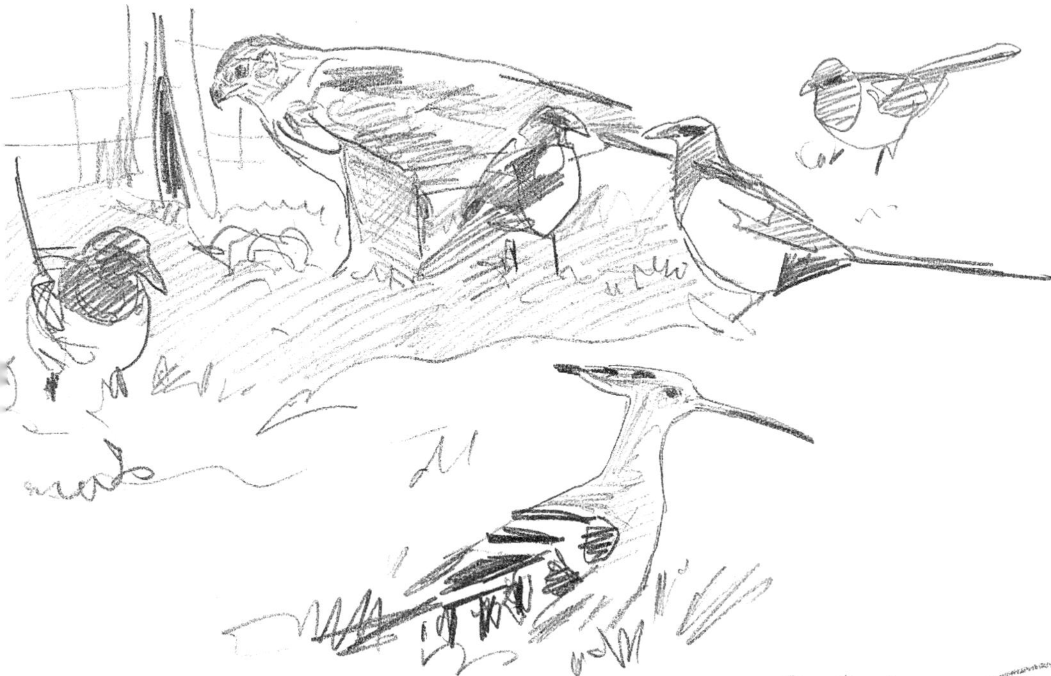

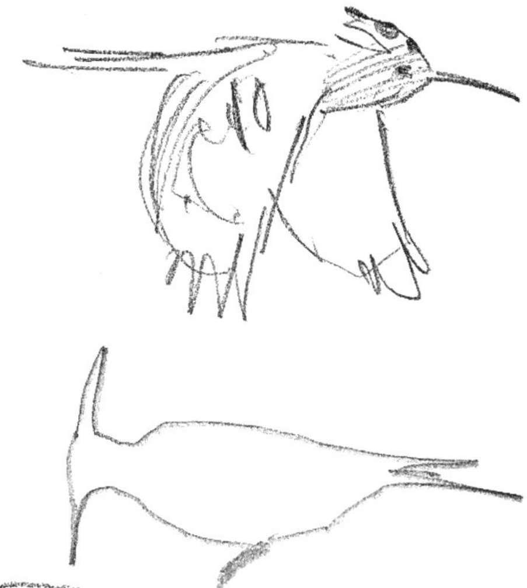

Une association assez surprenante : une buse mangeant un lapin entourée de pies pique-assiette. Une Huppe fasciée curieuse vient se poser au premier plan dans le rond de ma lunette.

Huppe déployée = signe de nervosité et de méfiance ou peut-être un moyen de communiquer.

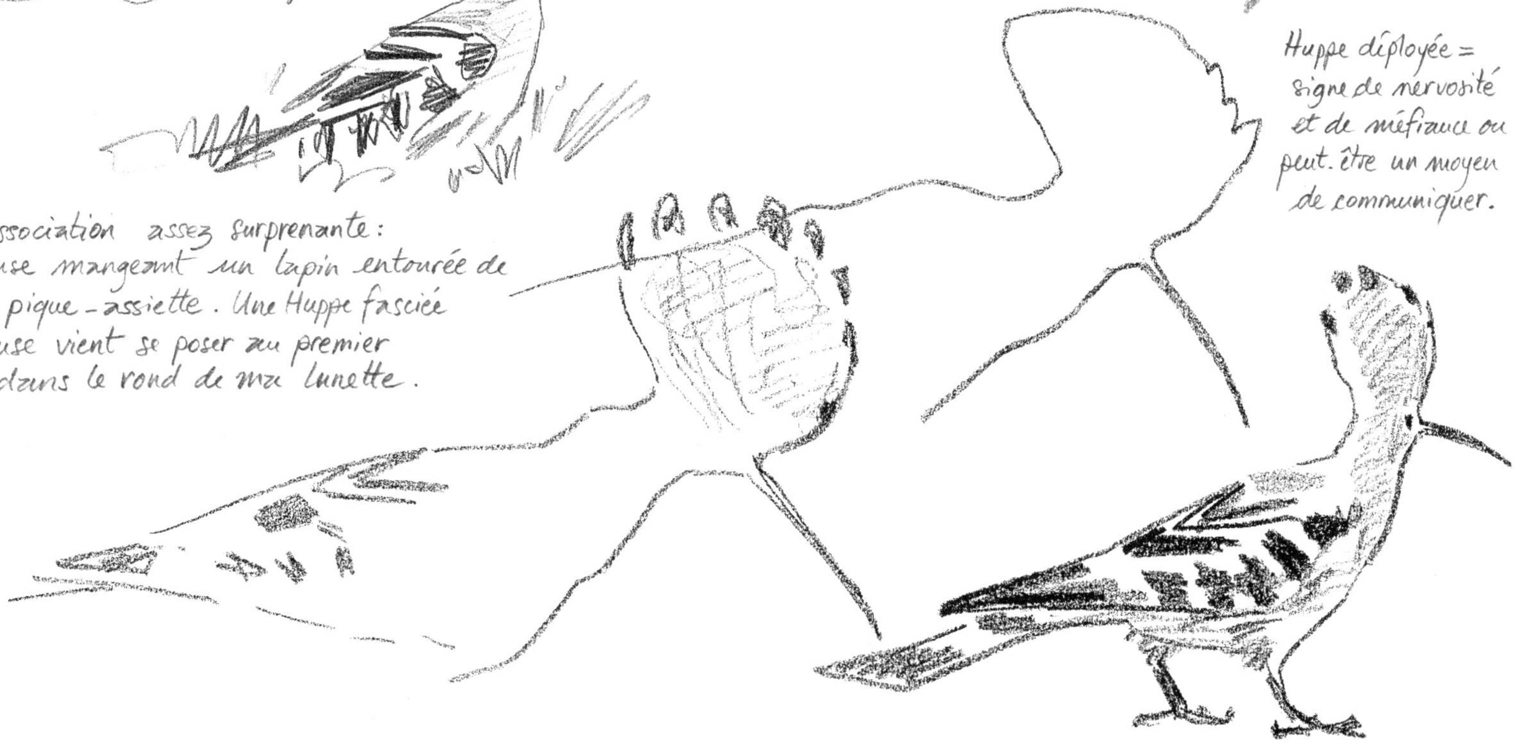

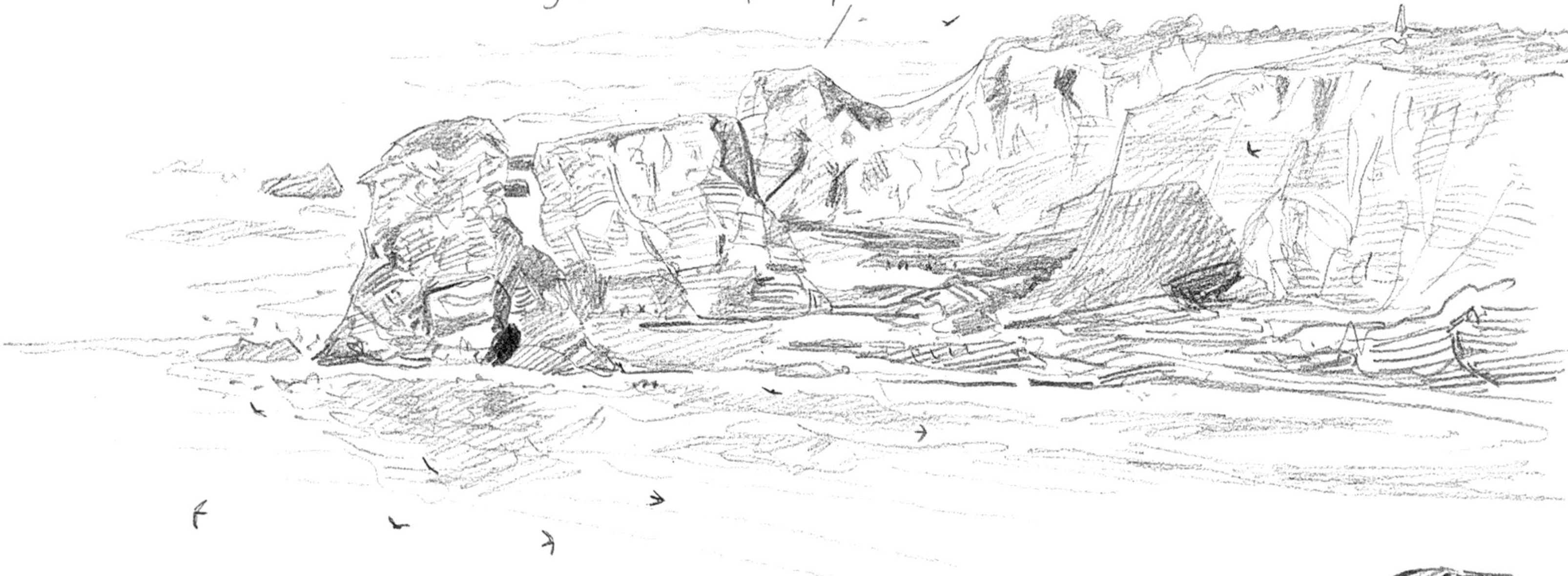

D'Hendaye à Socoa, les jumeaux témoignent du recul de la côte pourtant moins important à l'extrémité de la pointe Sainte-Anne grâce à la disposition horizontale des strates.

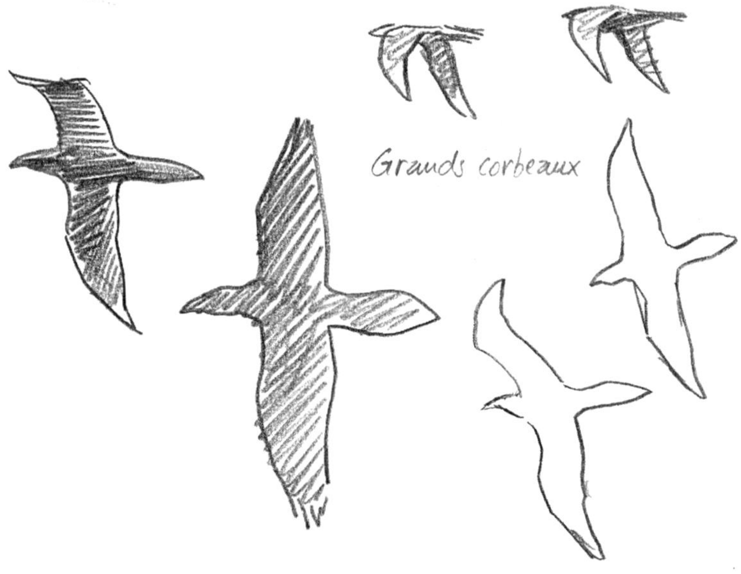

Page de droite : le 13 sept. le vent d'ouest violent de fin de journée continue à gonfler les vagues, je m'agrippe au carton à dessin pour résister aux bourrasques.

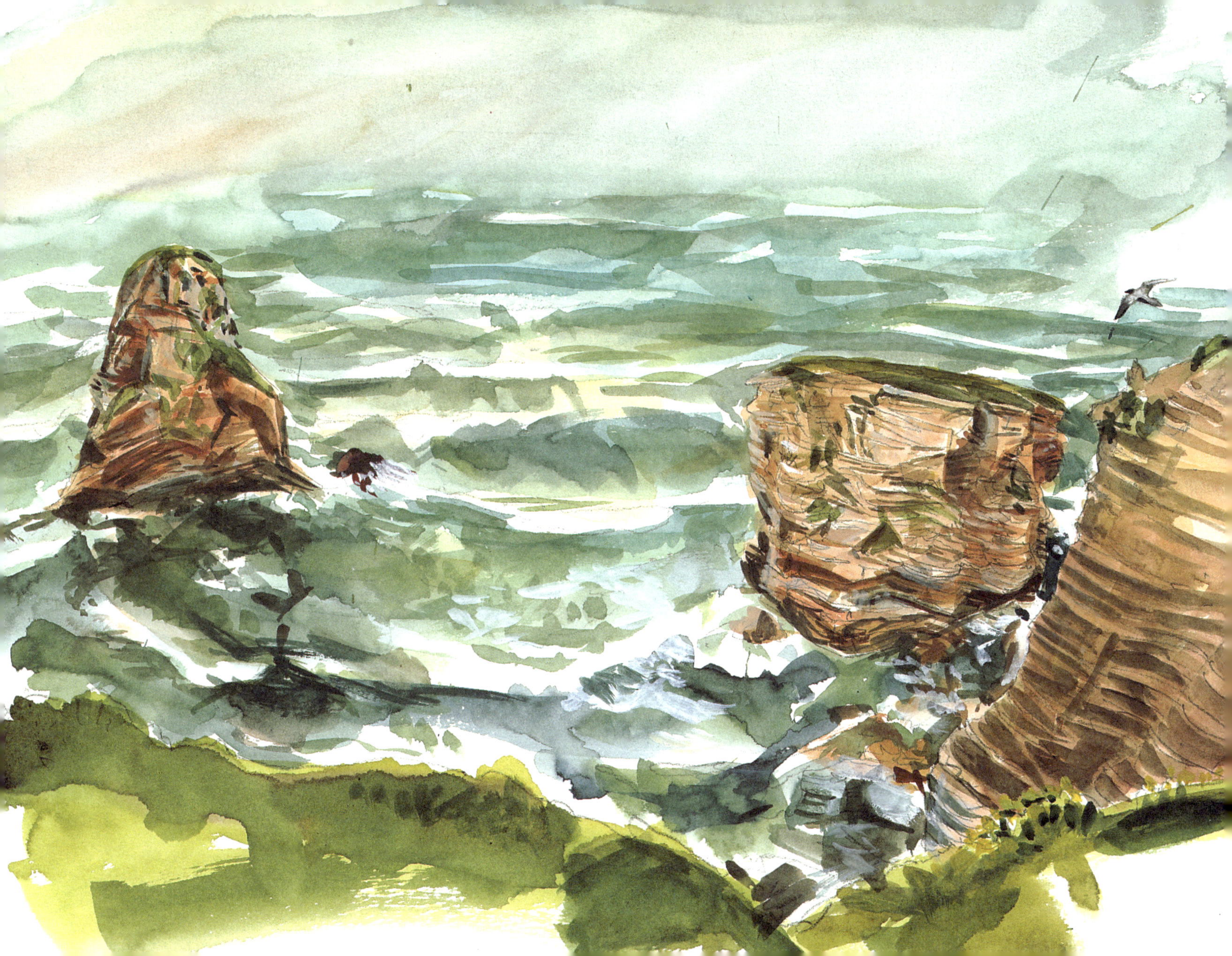

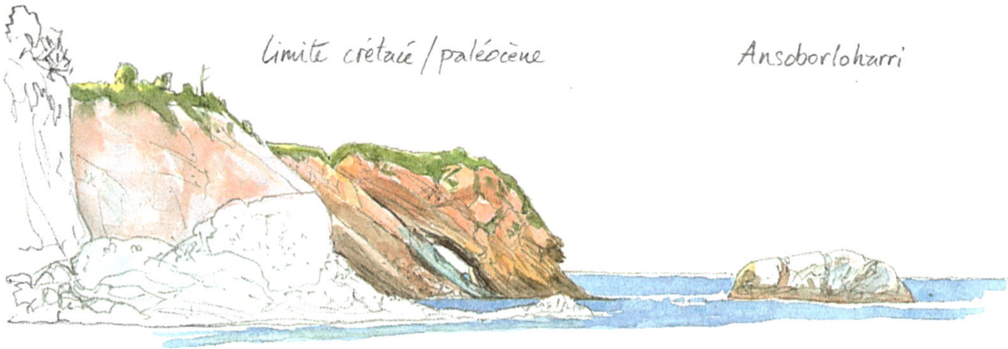

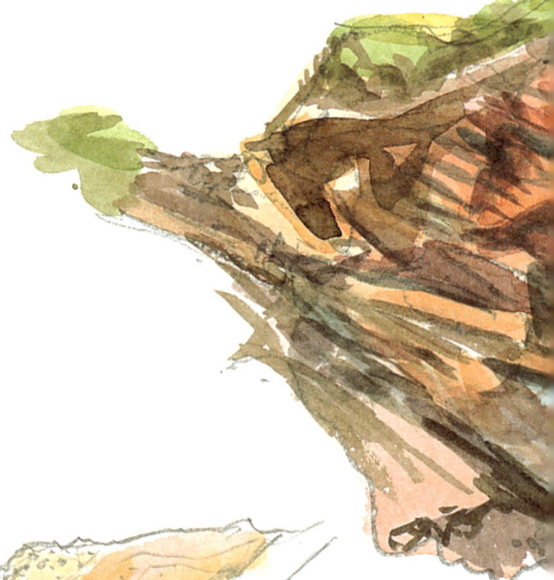

Parmi les spectaculaires strates du Flysch crétacé, une très fine couche sédimentaire, formée il y a 65 millions d'années (fin de l'ère secondaire) permet à Abbadia (l'un des 6 endroits en Europe sur les 90 répertoriés à travers le monde) de conforter l'hypothèse de la conjonction des deux phénomènes cataclysmiques (éruptions volcaniques et choc de la Terre avec une météorite), à l'origine de la disparition des dinosaures et de bien d'autres espèces.

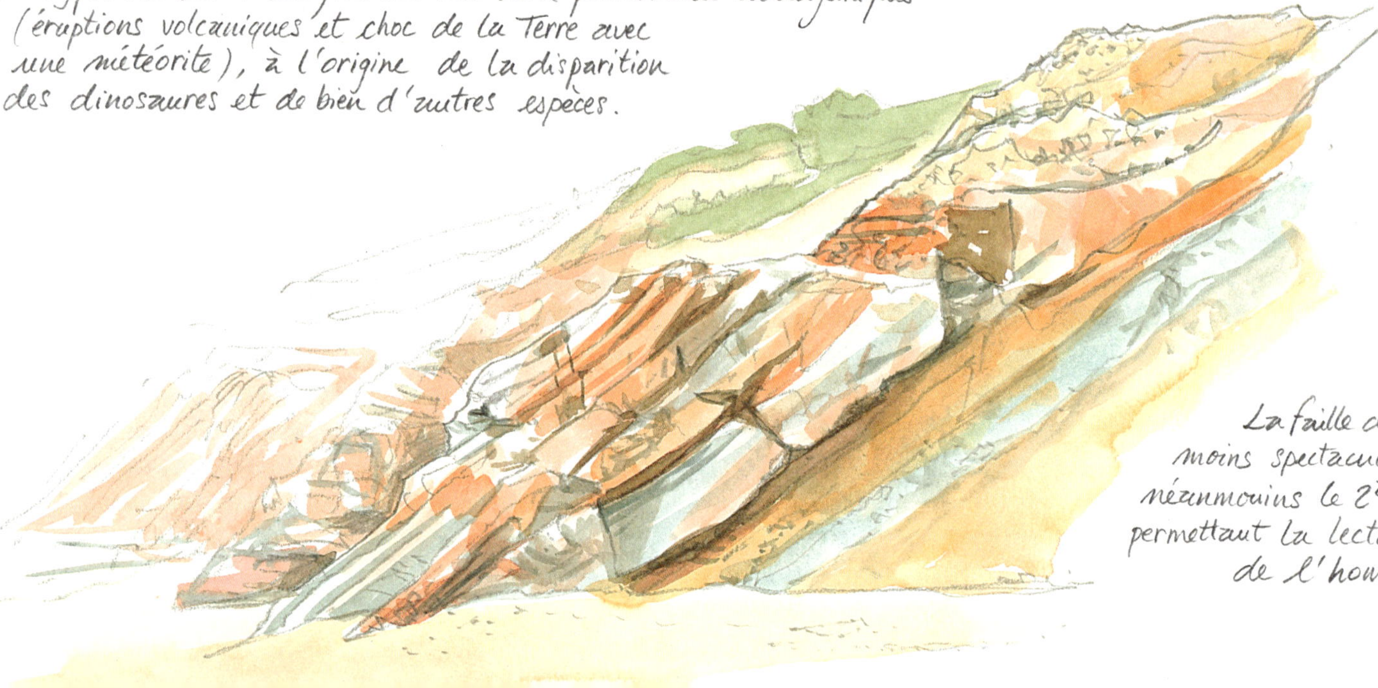

La faille de Bidard, moins spectaculaire, est néanmoins le 2ème site français permettant la lecture de l'origine de l'homme...

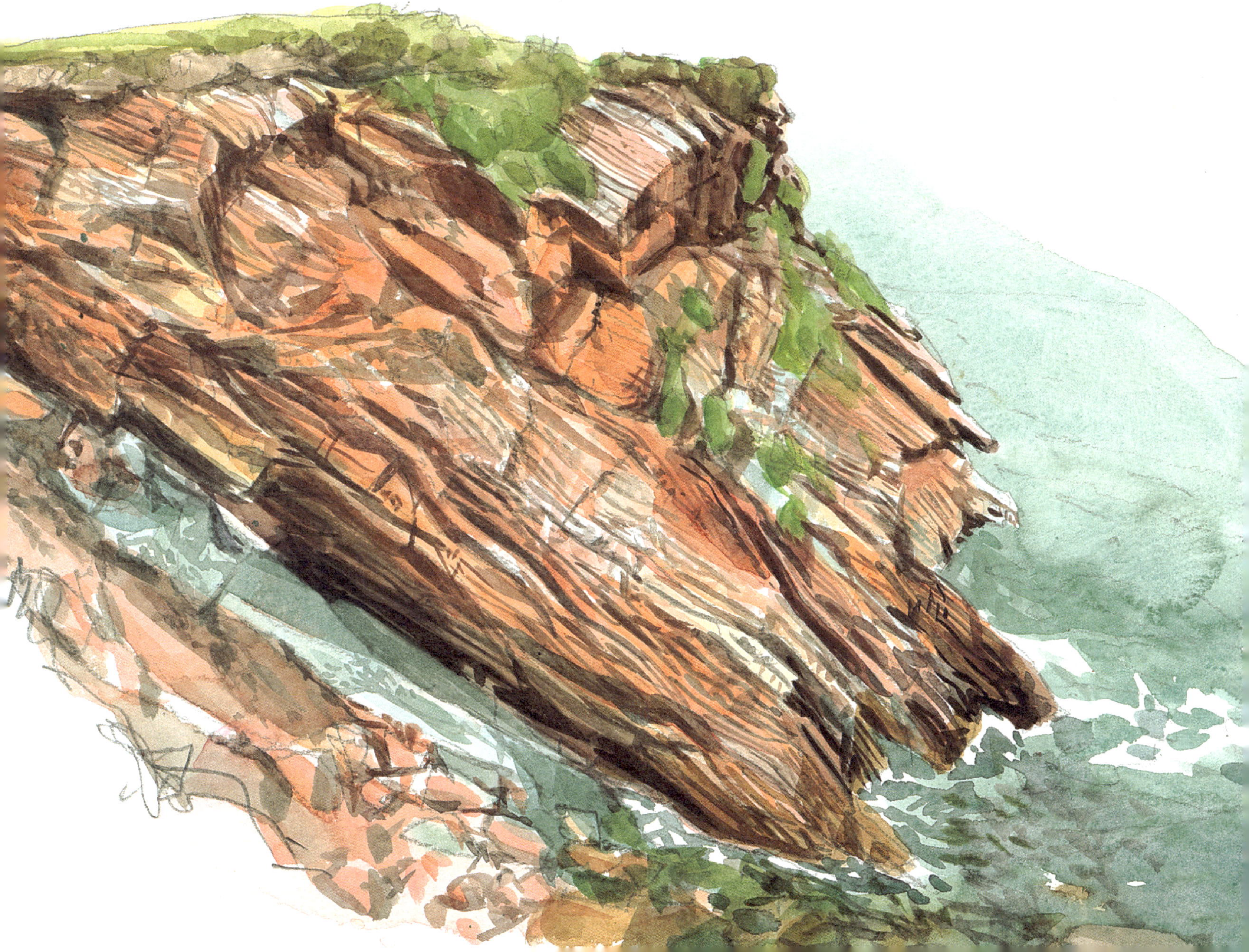

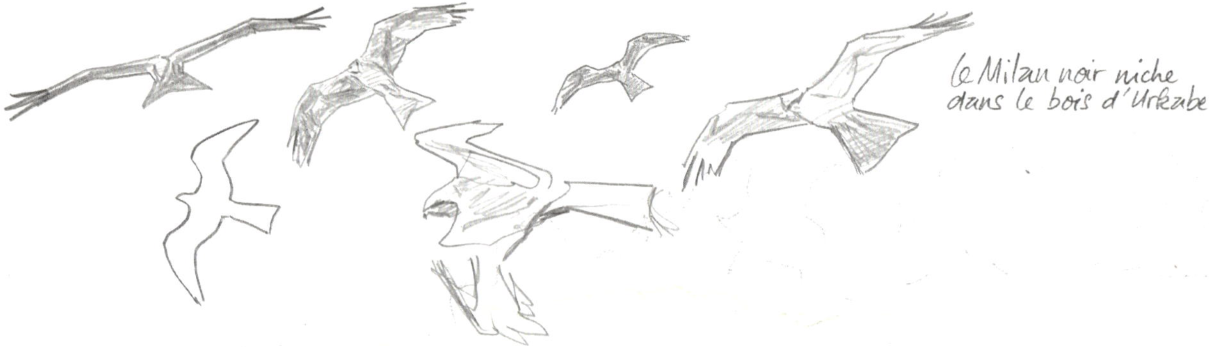
le Milan noir niche
dans le bois d'Urkabe

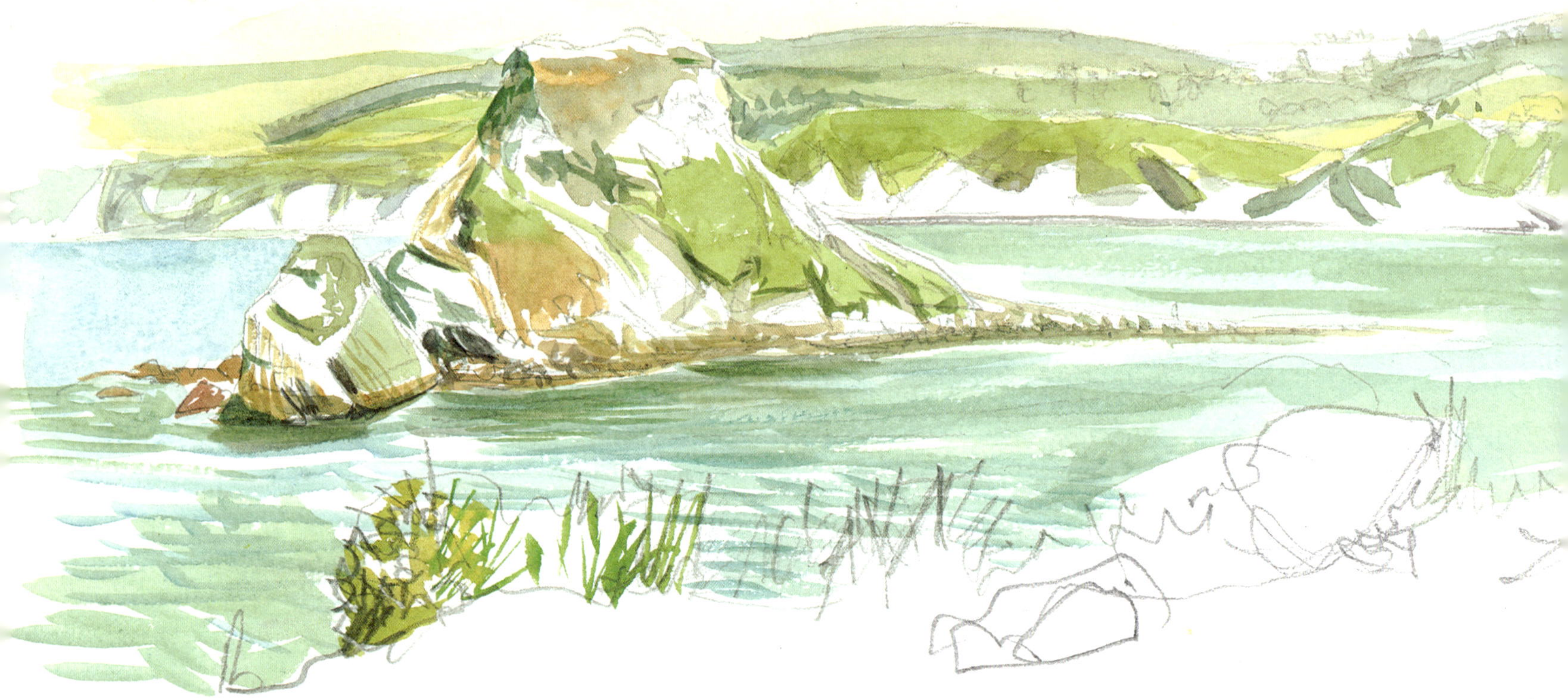

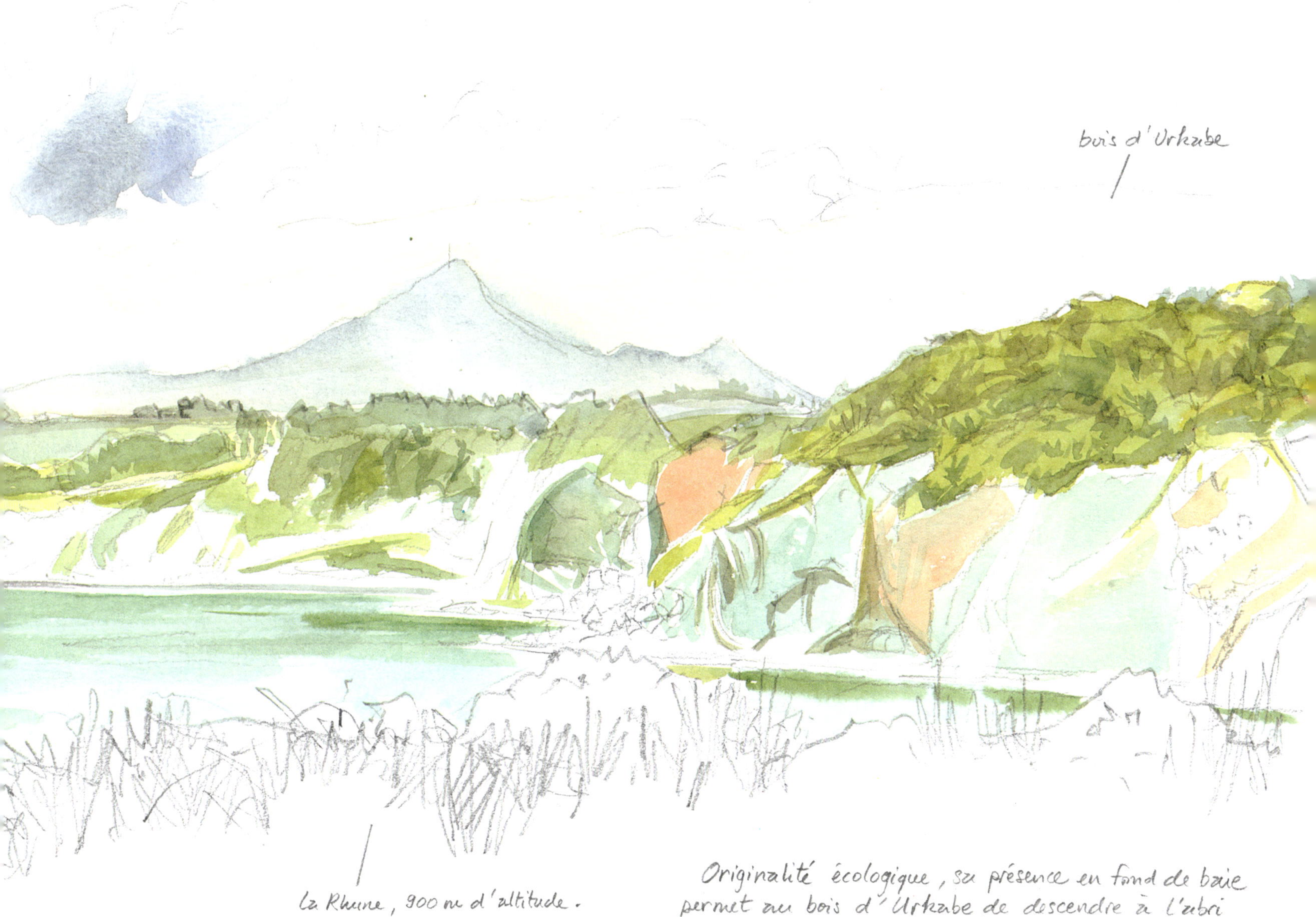

Originalité écologique, sa présence en fond de baie permet au bois d'Urkabe de descendre à l'abri des vents dominants jusqu'à la plage de Loya.

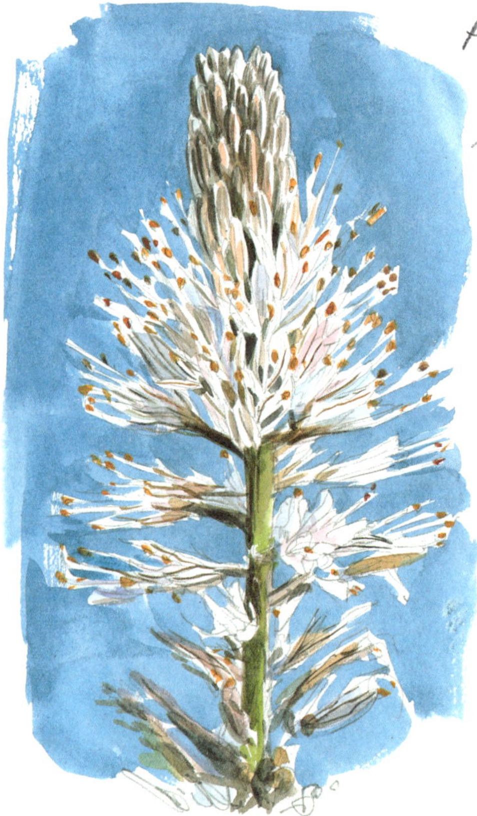

Asphodèle
(bâton blanc)

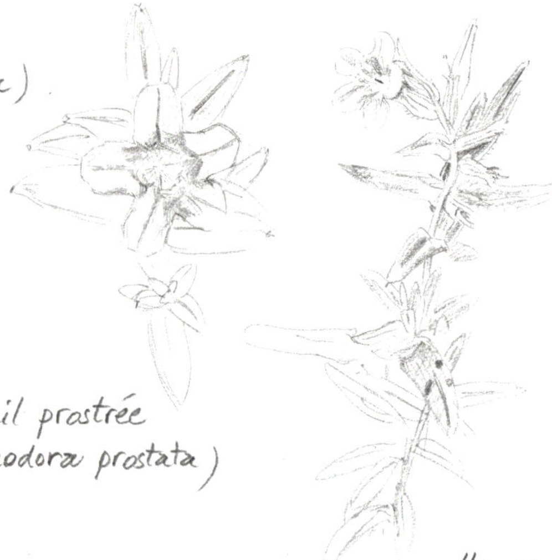

Grémil prostrée
(Lithodora prostata)

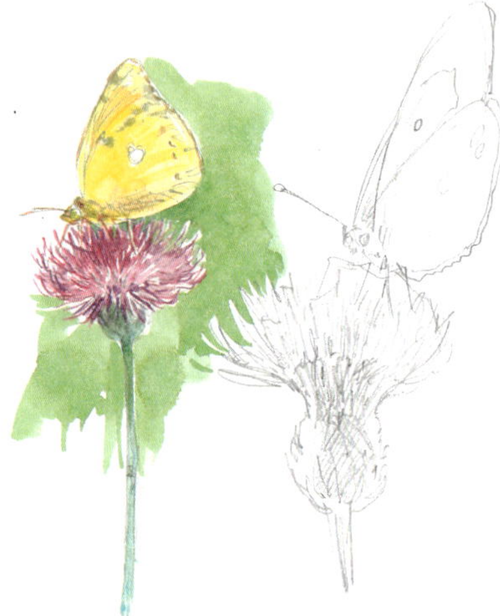

Un souci butine un cirse filipendule
(Cirsium filipendulum)

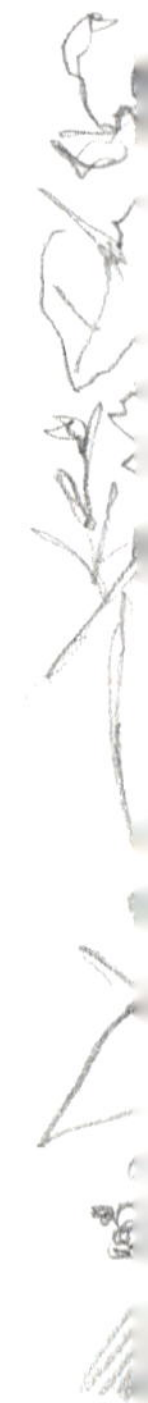

Sérapias langue
(Serapias lingua)

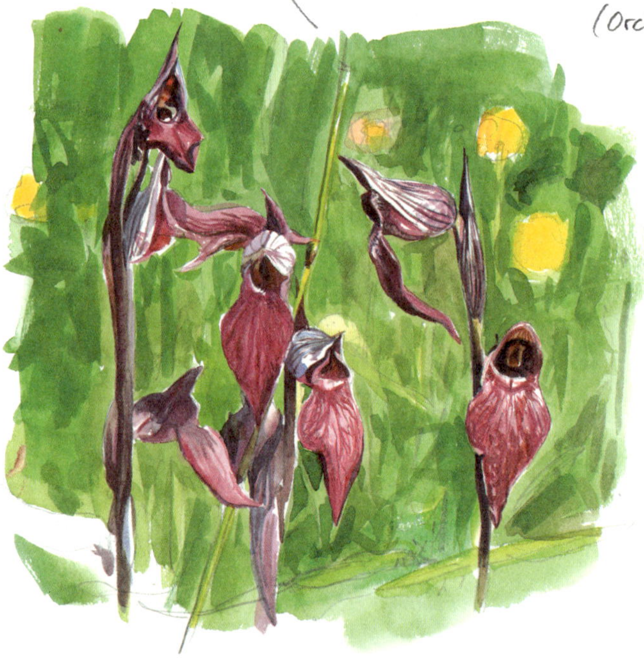

Orchis à fleurs lâches
(Orchis laxiflora)

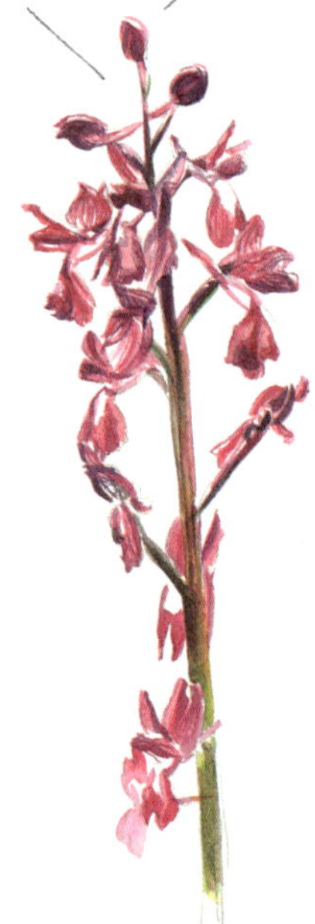

La mosaïque des milieux et l'originalité du climat permettent, sur un espace réduit, de rencontrer une grande diversité de plantes atlantiques mais aussi méditerranéennes

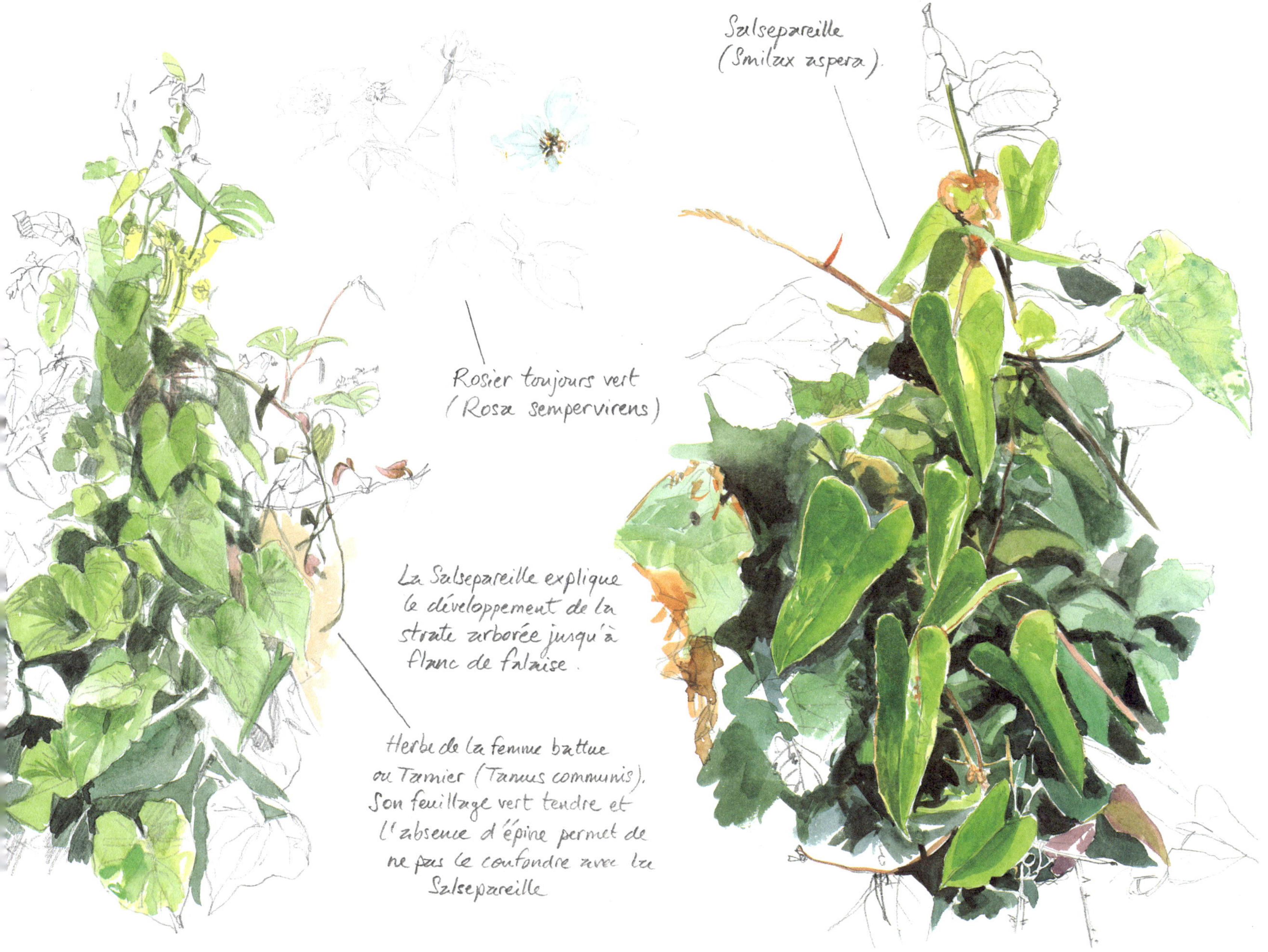
Salsepareille
(Smilax aspera).
Rosier toujours vert
(Rosa sempervirens)
La Salsepareille explique
le développement de la
strate arborée jusqu'à
flanc de falaise.
Herbe de la femme battue
ou Tamier (Tamus communis).
Son feuillage vert tendre et
l'absence d'épine permet de
ne pas le confondre avec la
Salsepareille

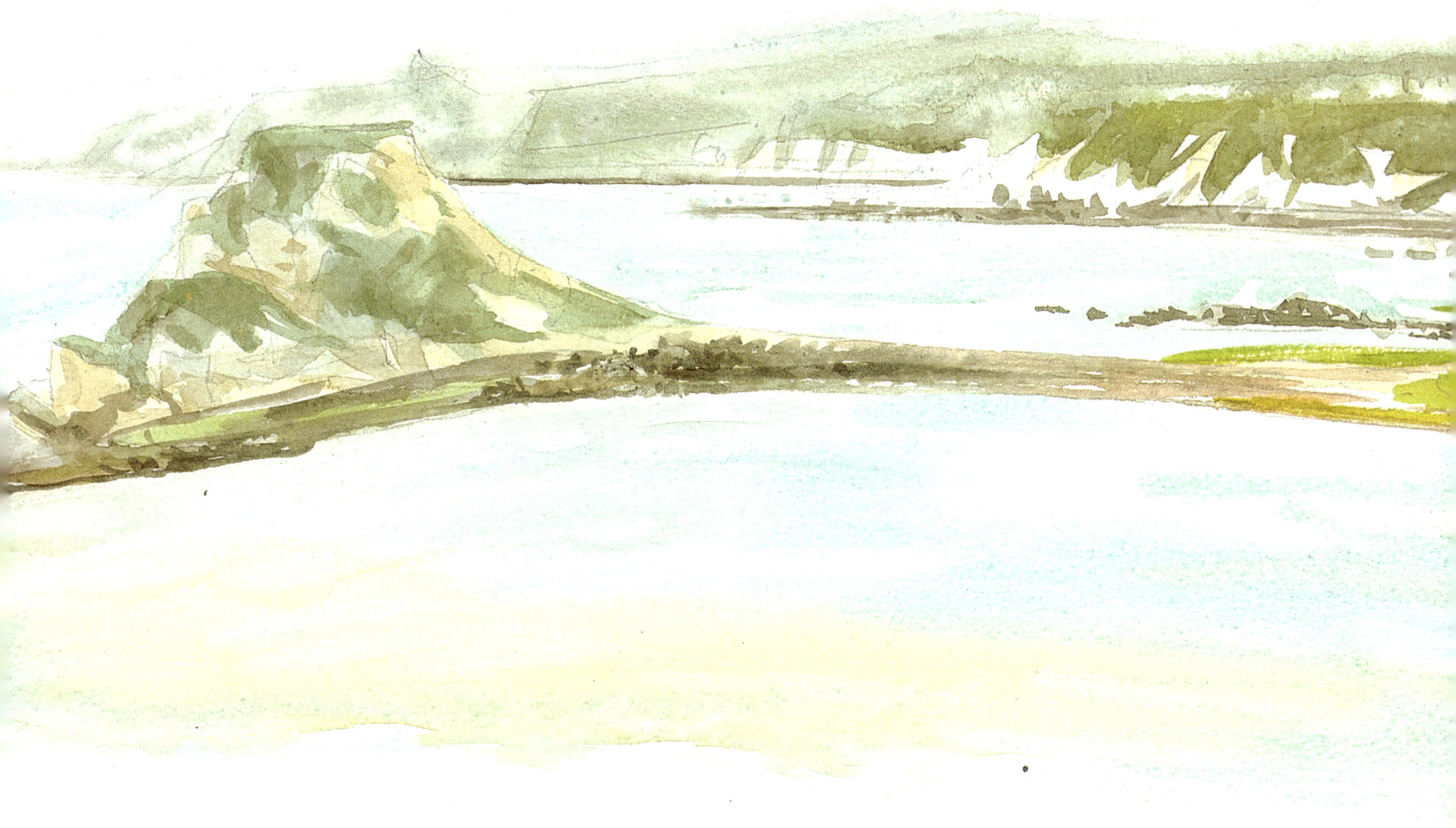

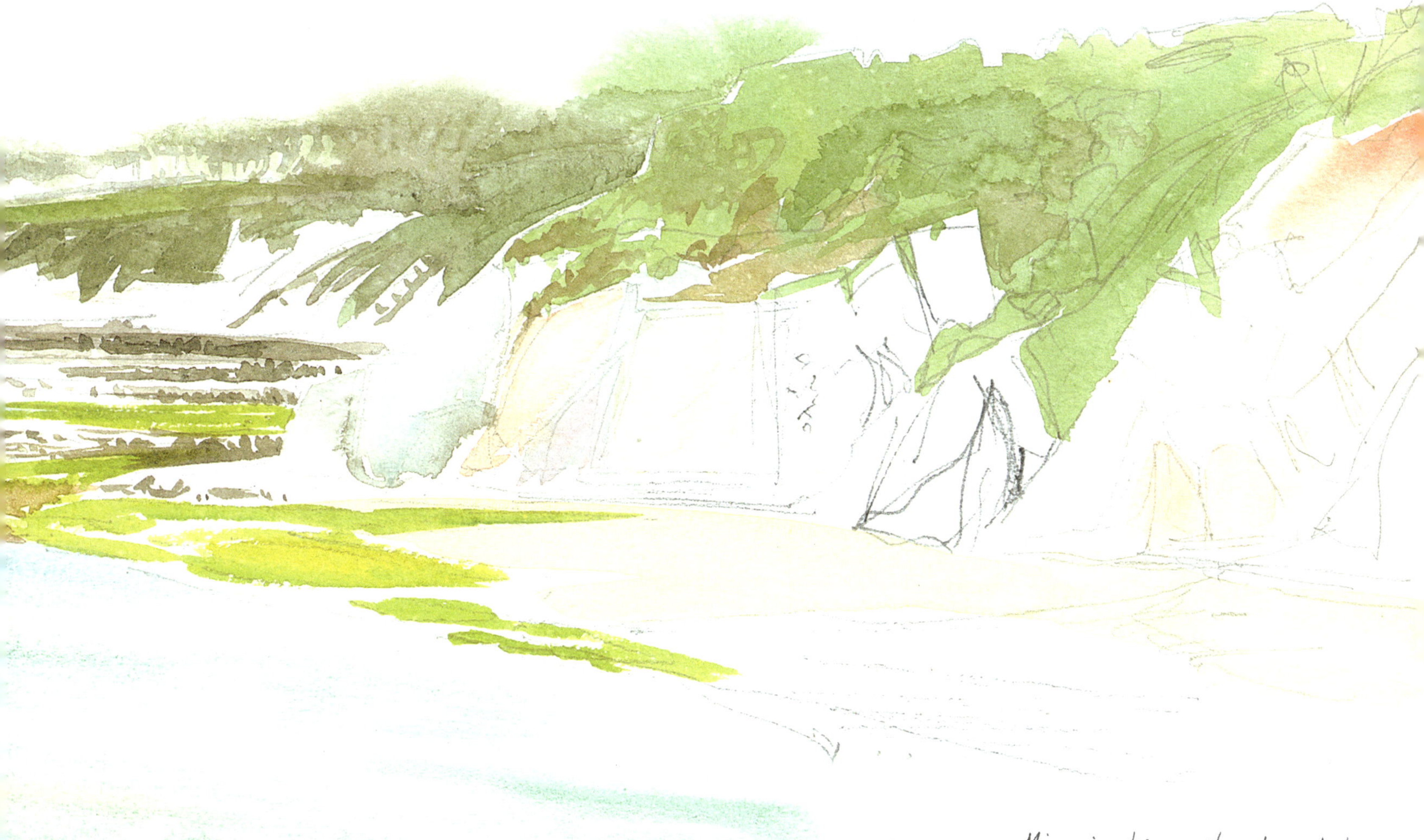

Mi mai, brume et calme plat
dans la baie de Loya.

Dès le mois de mai, je pensais que le couple de faucons pélerins avait délogé les grands corbeaux dans la baie de Loya. Leurs velléités de nidification sont reportées à l'année prochaine...

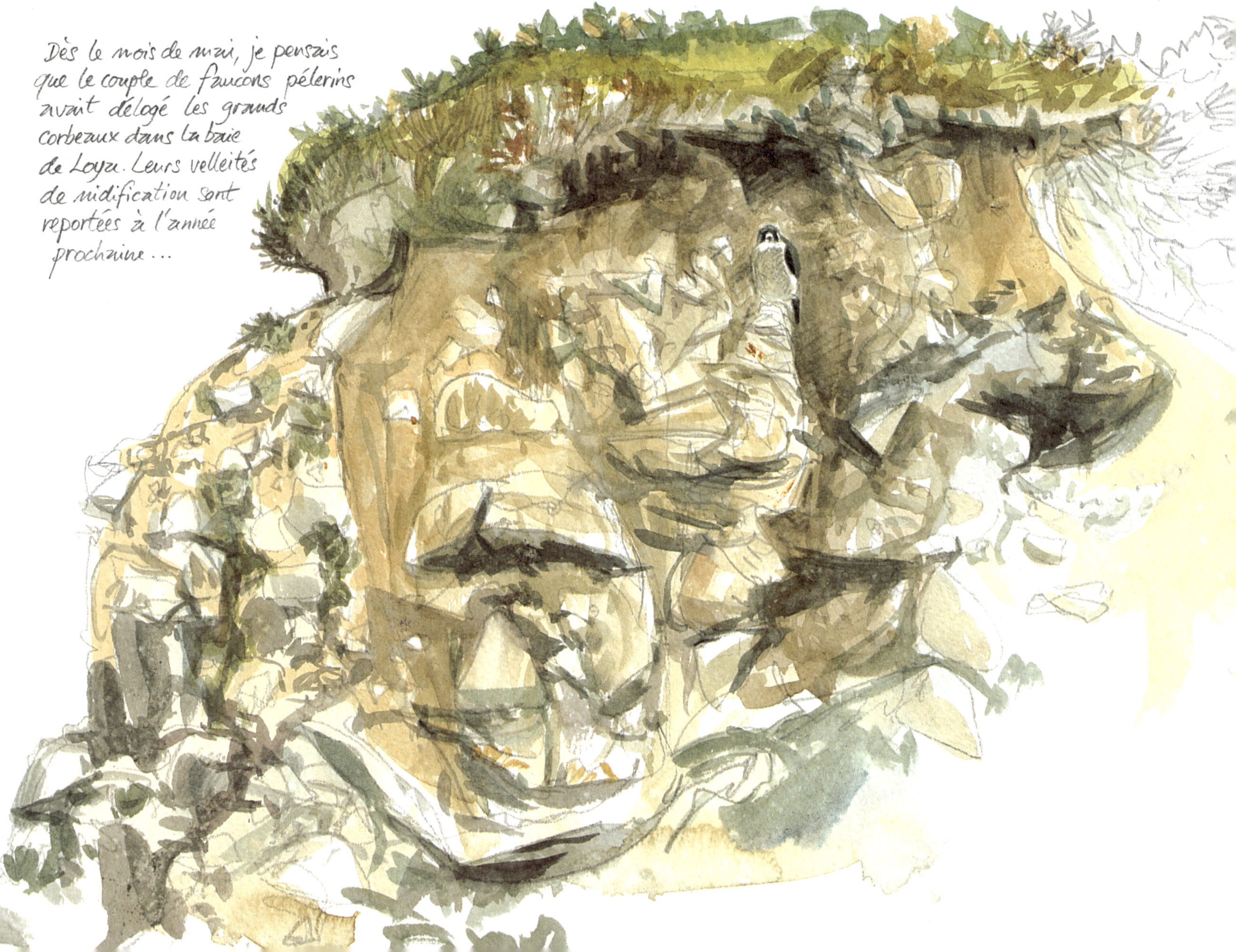

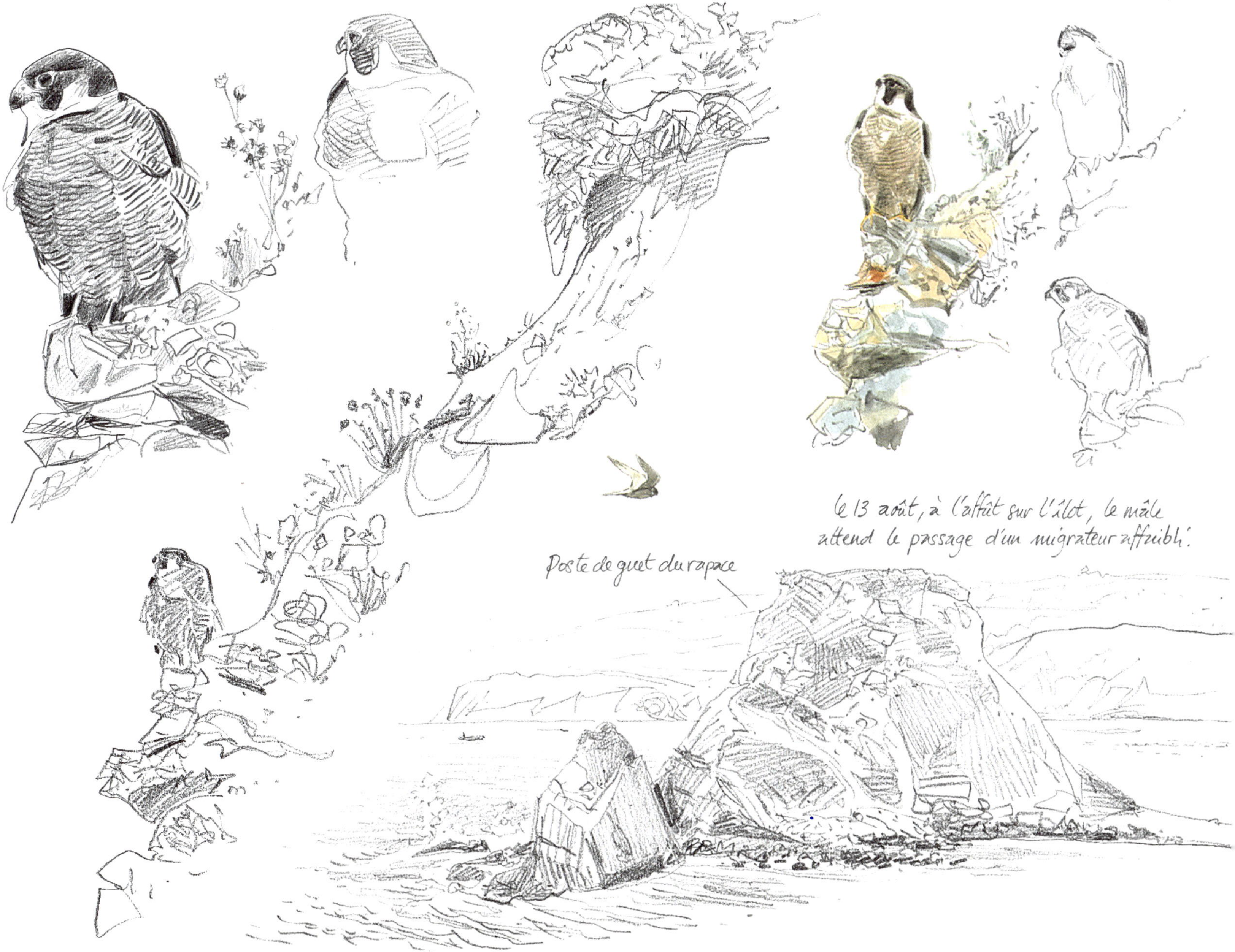
le 13 août, à l'affût sur l'îlot, le mâle
attend le passage d'un migrateur affaibli.
Poste de guet du rapace

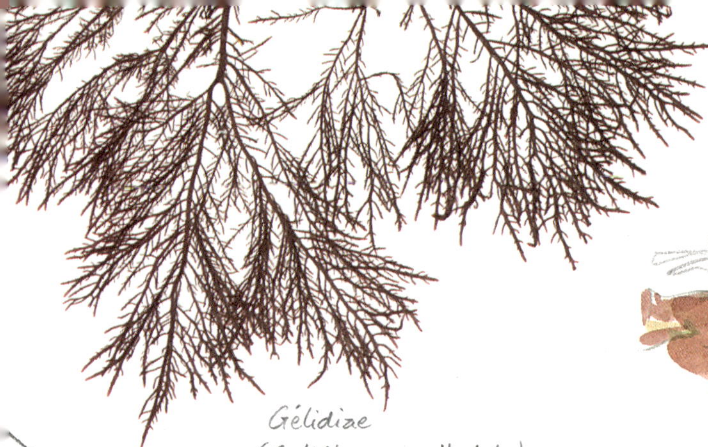

Gélidiae
(Gelidium sesquibedule).

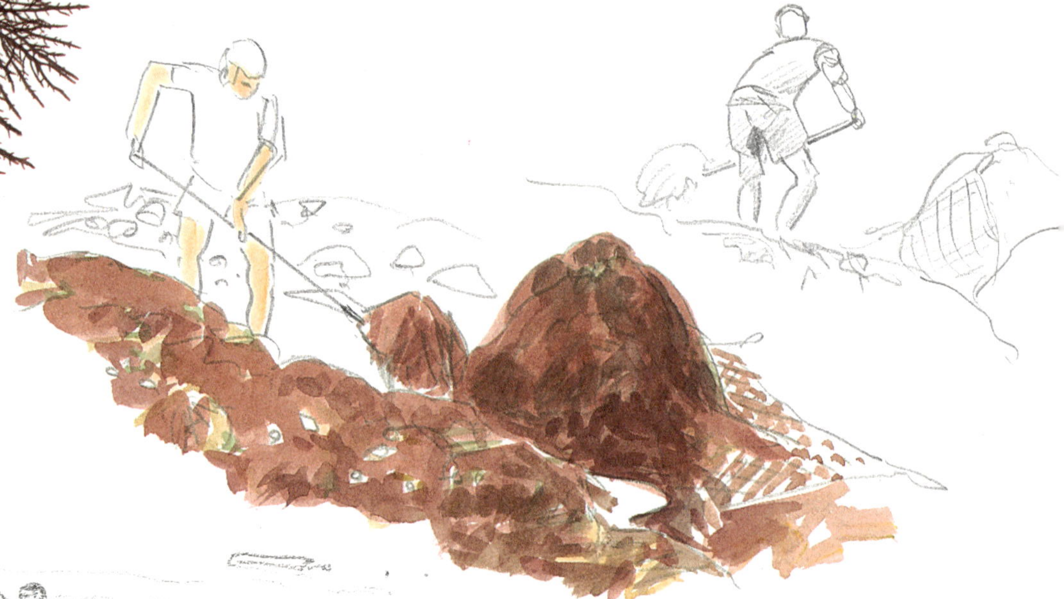

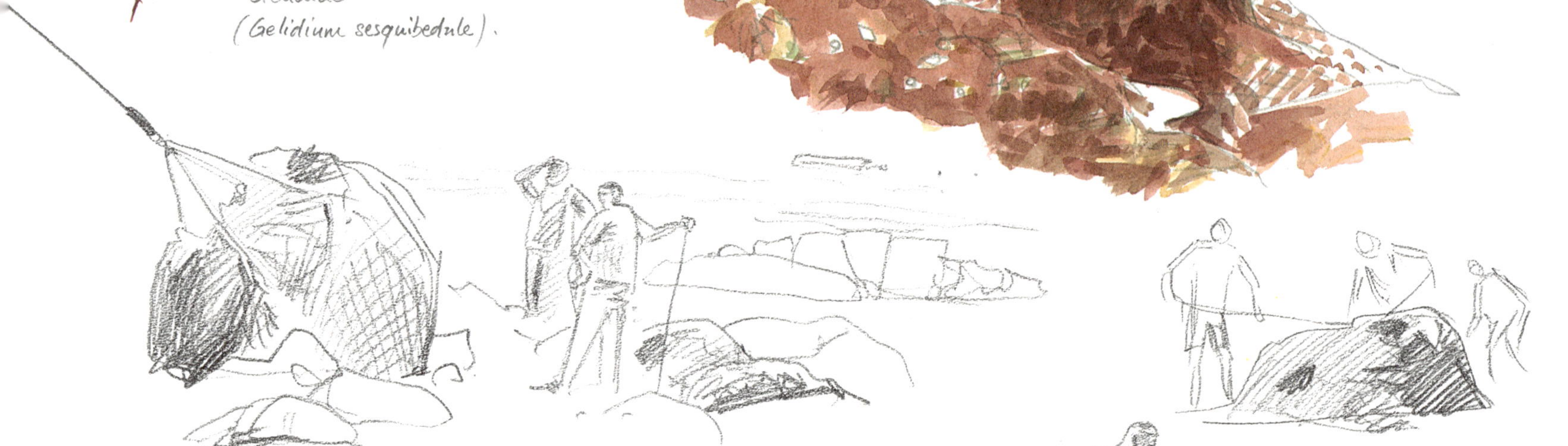

Unique en France, le ramassage de l'algue rouge gelidium utilisée dans l'industrie alimentaire mais aussi pour la recherche bactériologique, sous forme d'agar-agar (gélifiant de grande qualité), garantit en raison de ses techniques artisanales de récolte, une exploitation durable.

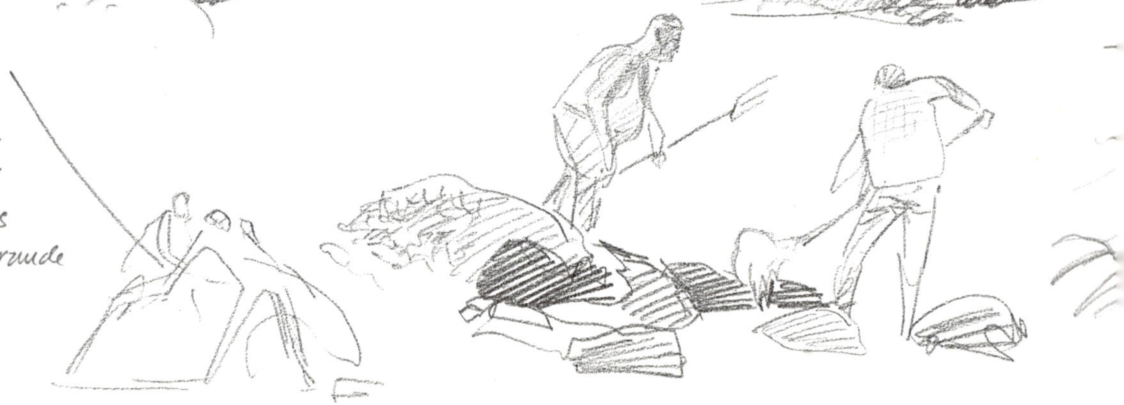

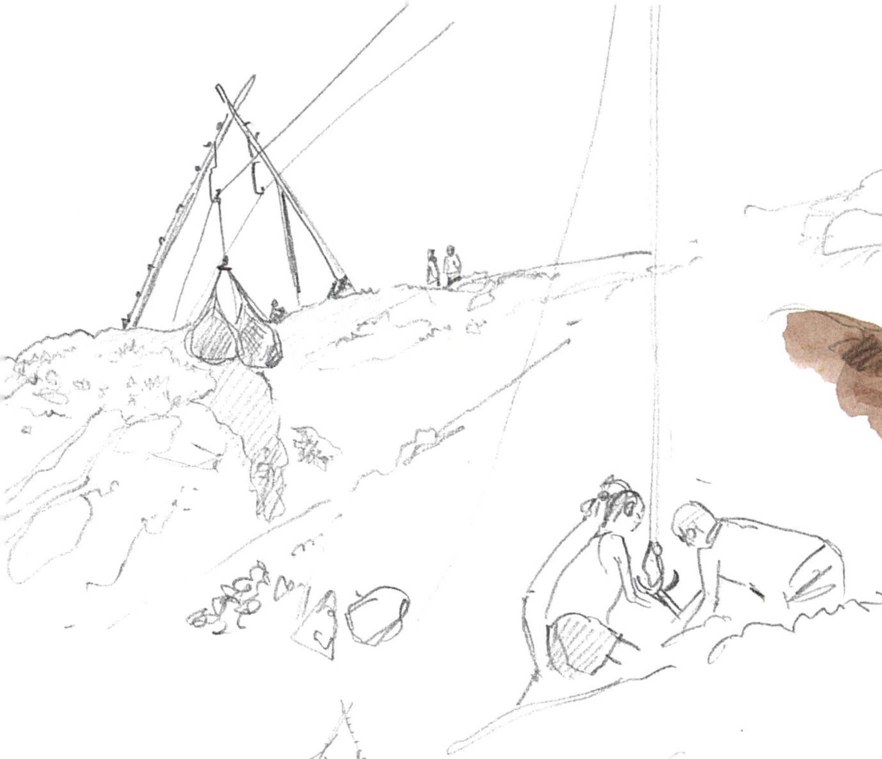
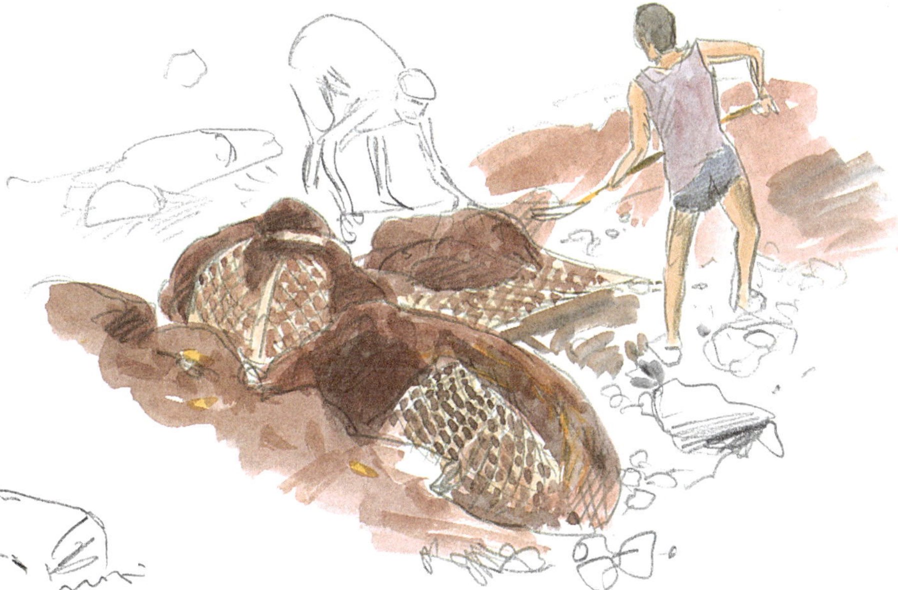
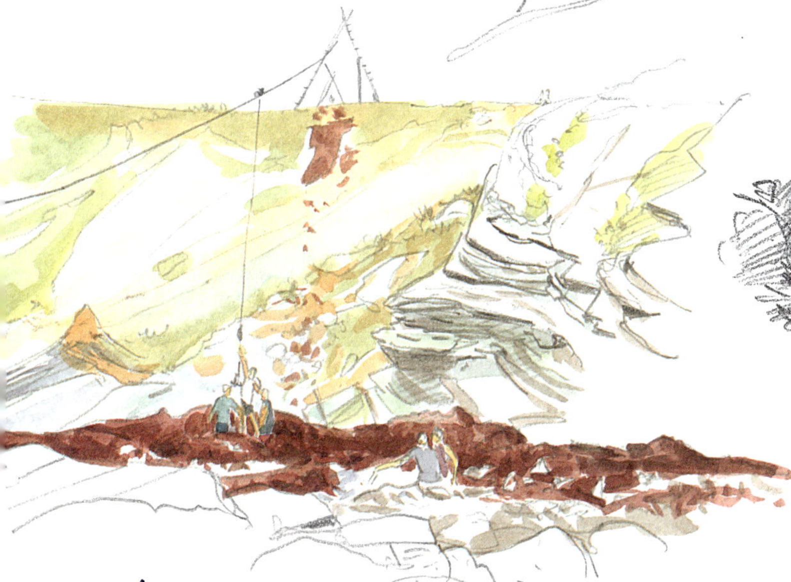
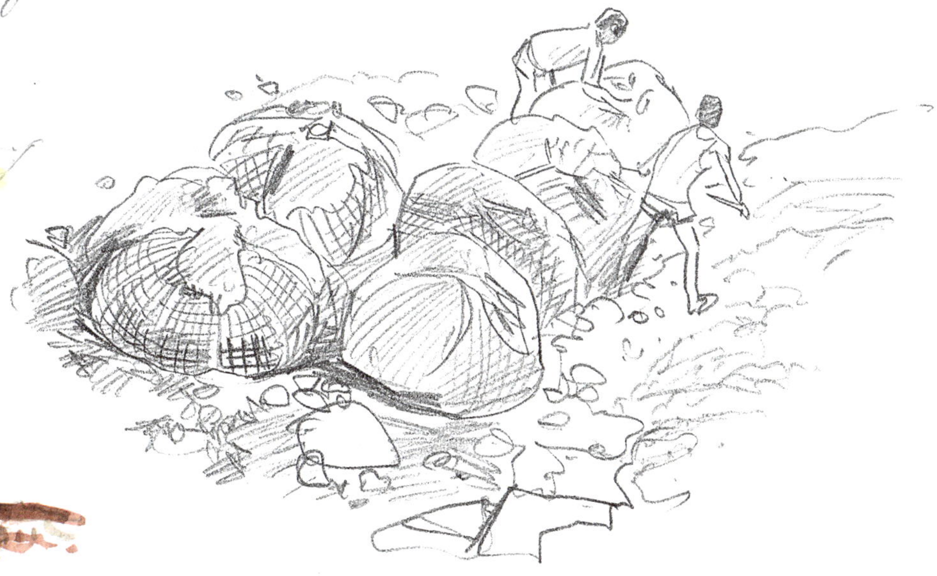

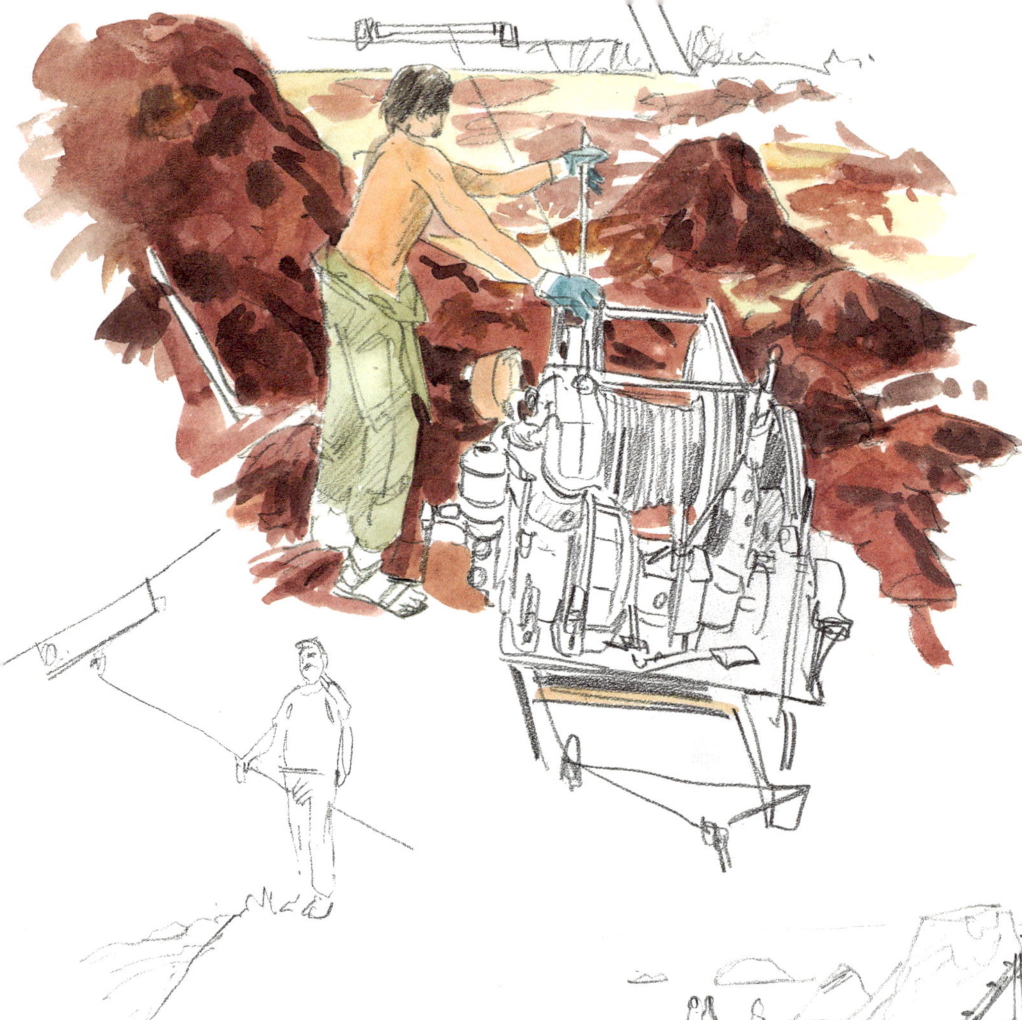

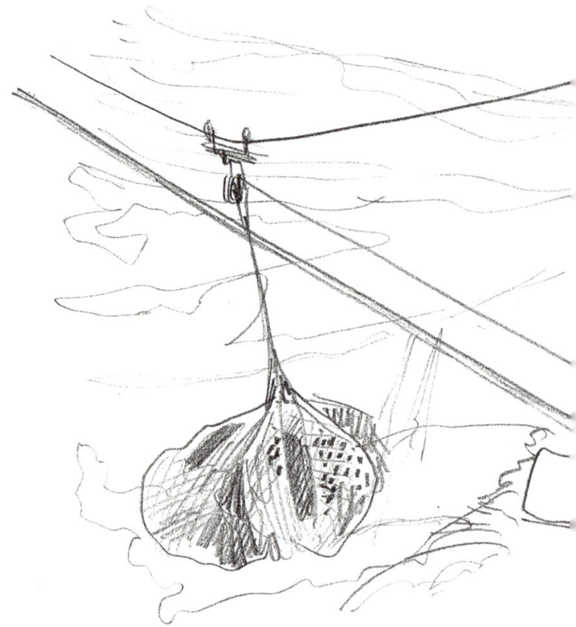

C'est à la fin de l'été
lors des grandes marées qui déposent une
quantité importante d'algues sur l'estran
que les étranges portiques en bois de la
pointe Est de la baie de Loya
se mettent en marche.

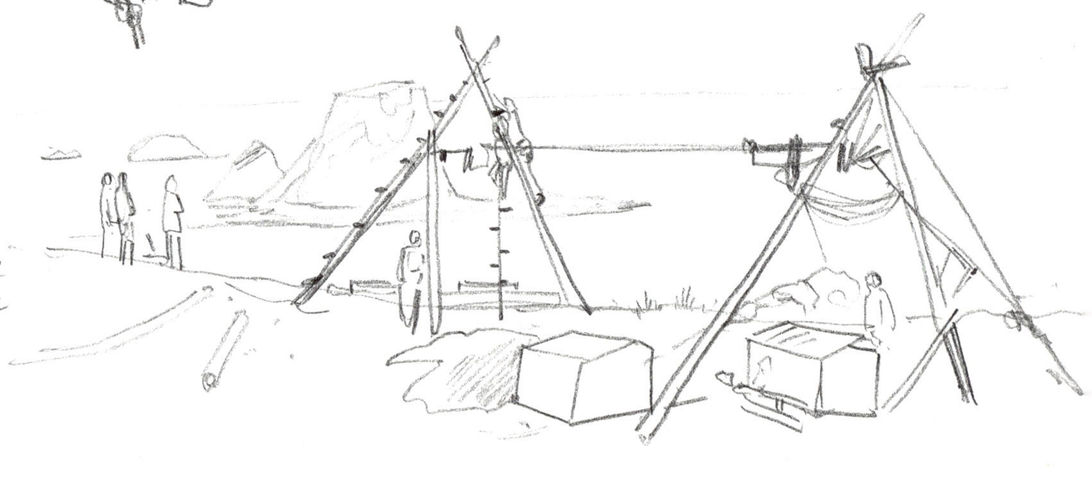

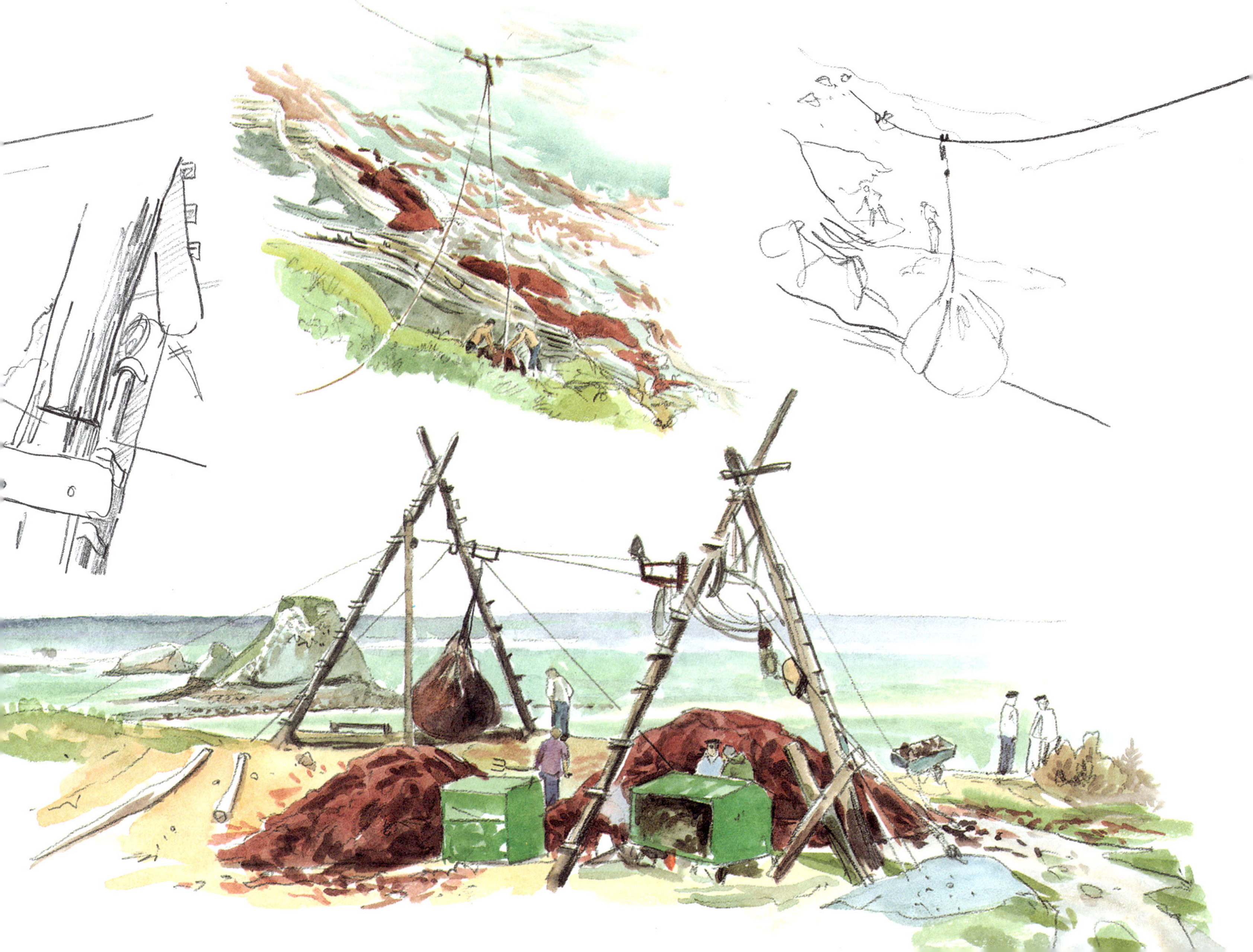

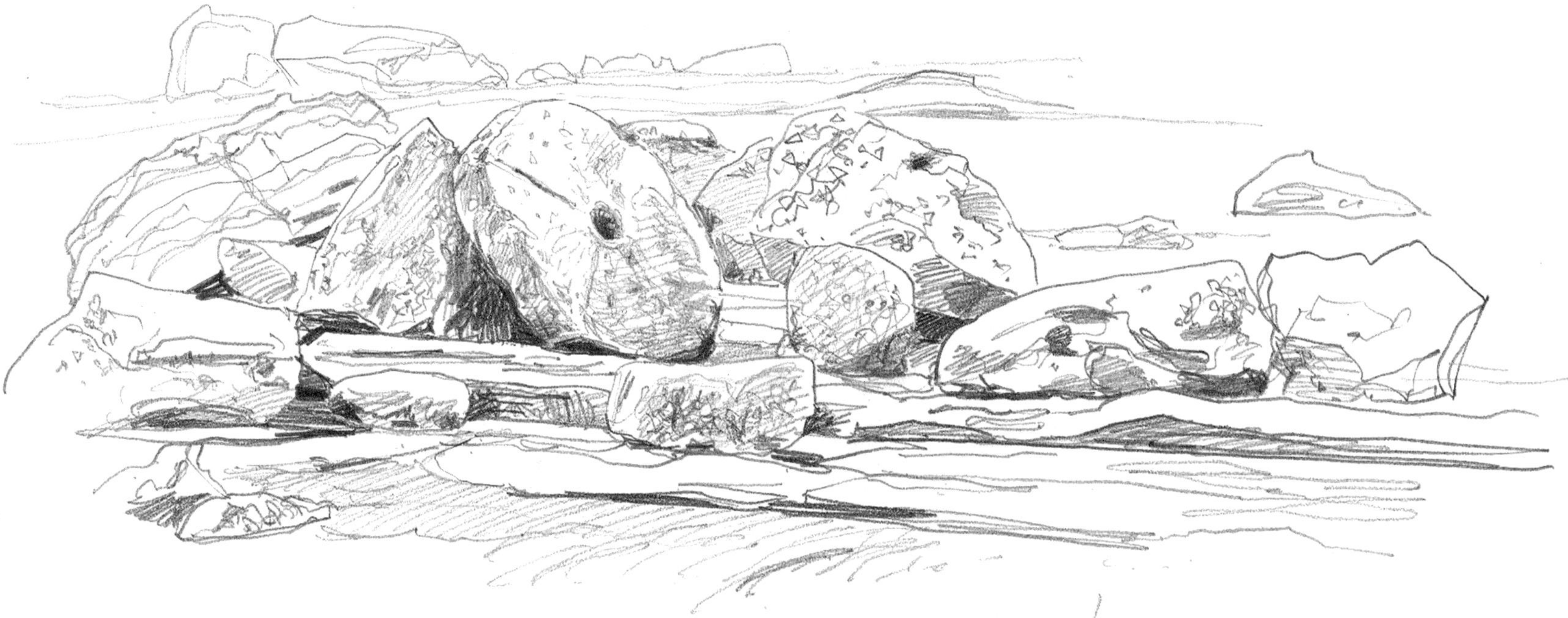

Site archéologique tout à fait inattendu au pied des falaises, cet ancien chantier d'extraction de meules à grains a été découvert récemment. Pourquoi ici, pourquoi ce type de roche et quelle technique employaient ces travailleurs acharnés de la pierre pour remonter ces lourdes dalles rondes au sommet des falaises ?

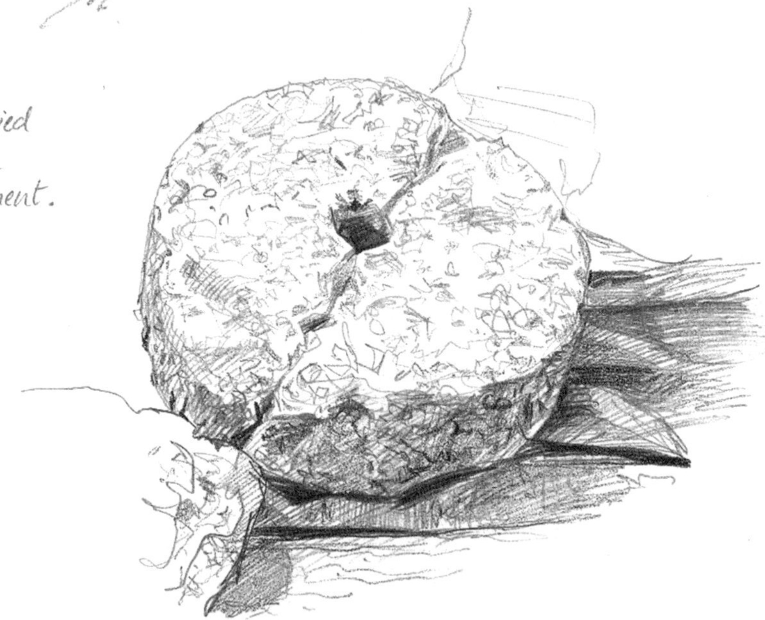

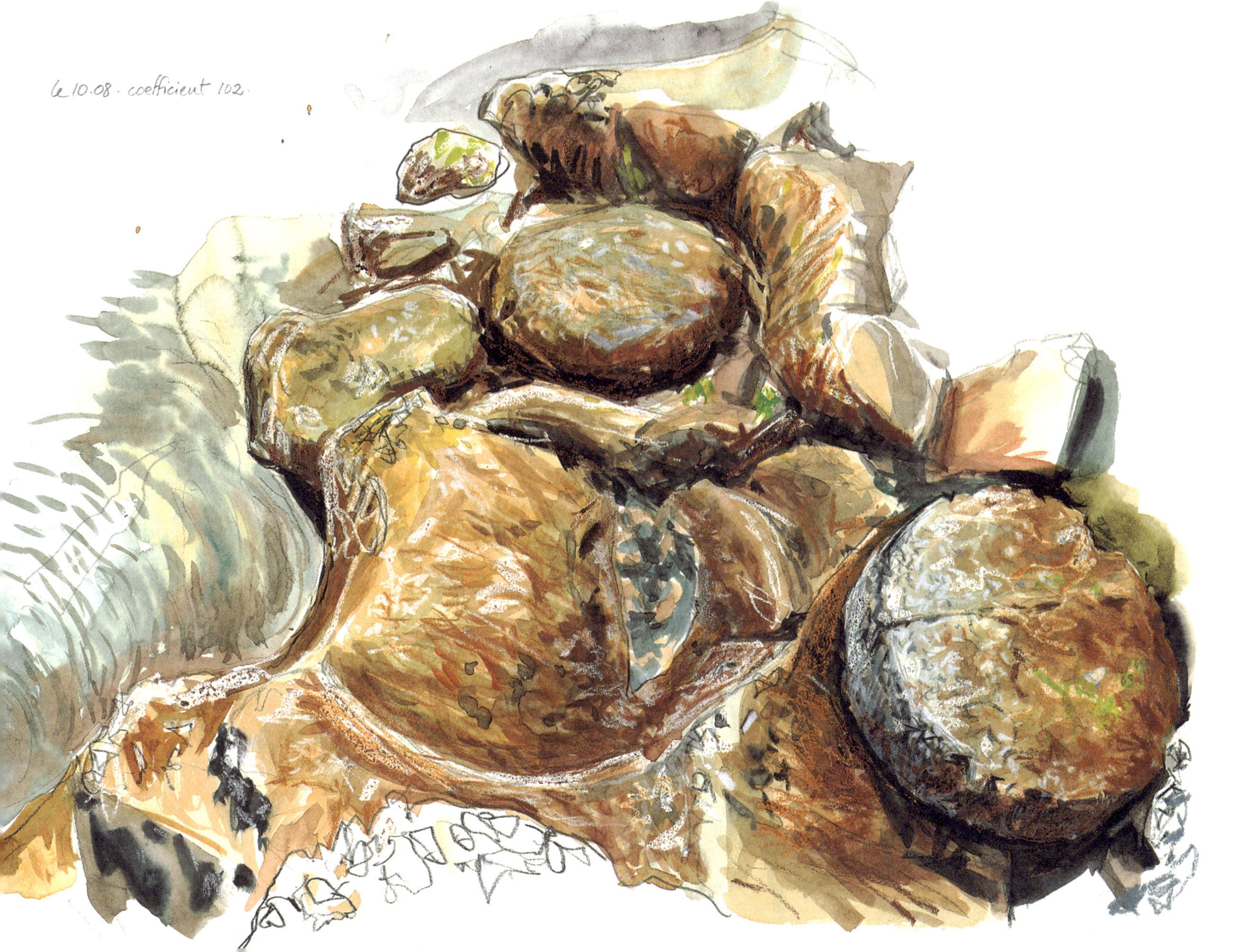
le 10.08 - coefficient 102.

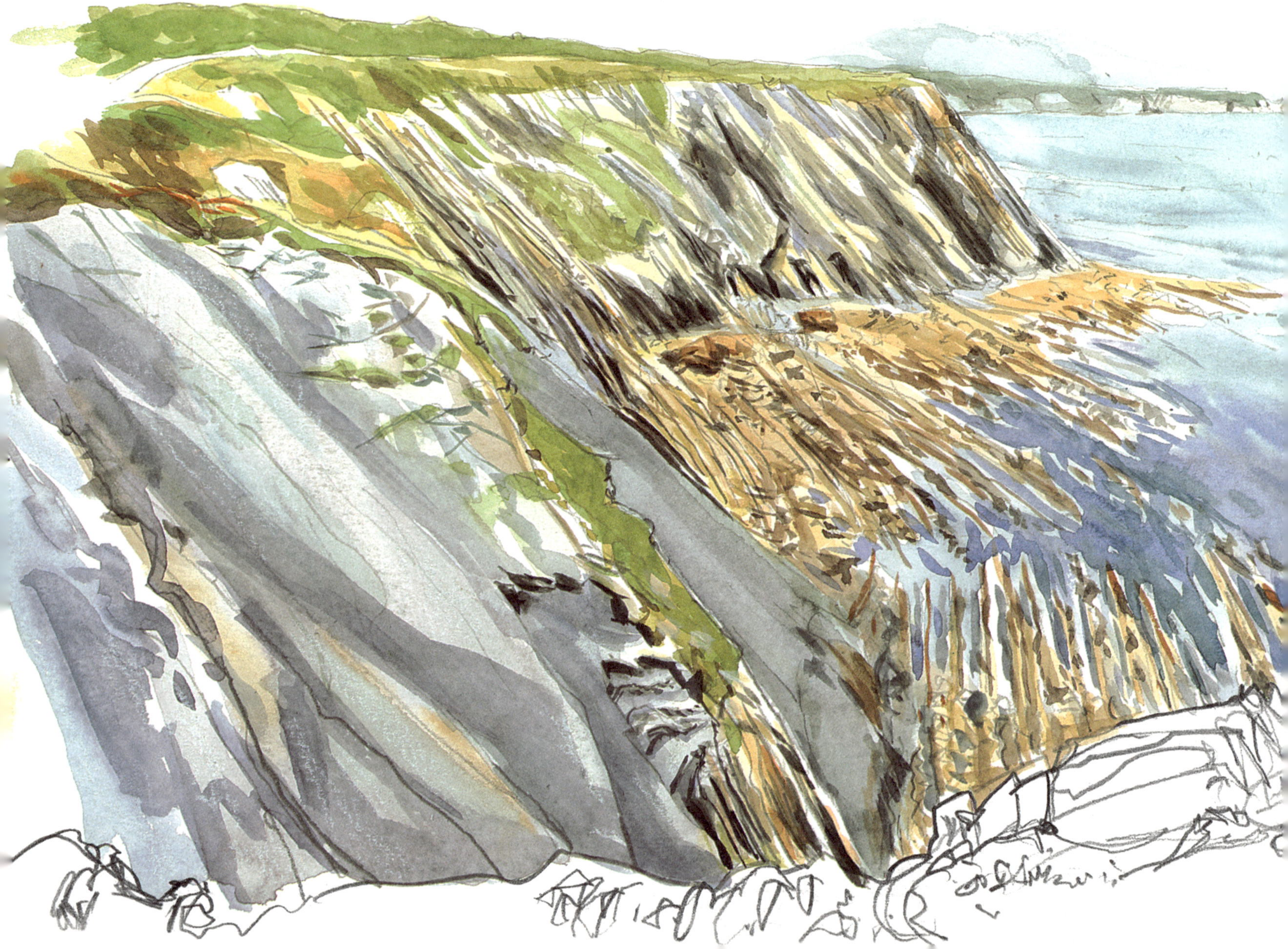

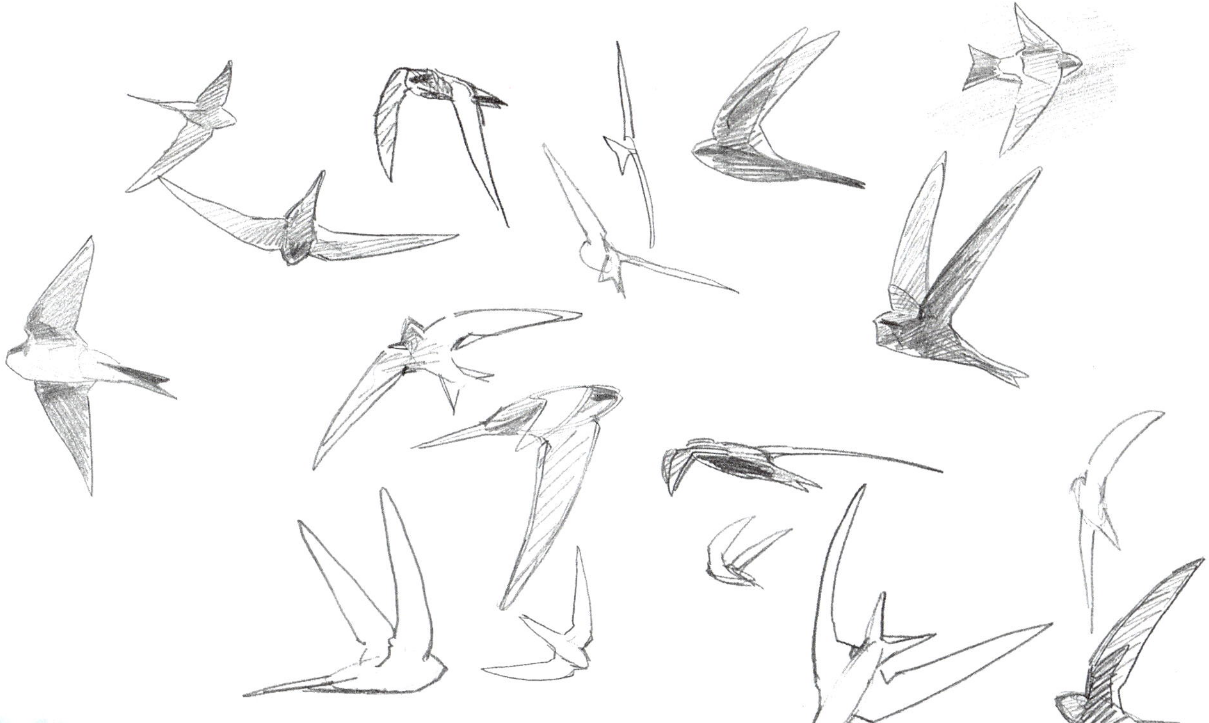

Superbe migration de martinets noirs longeant le littoral le 14.08.

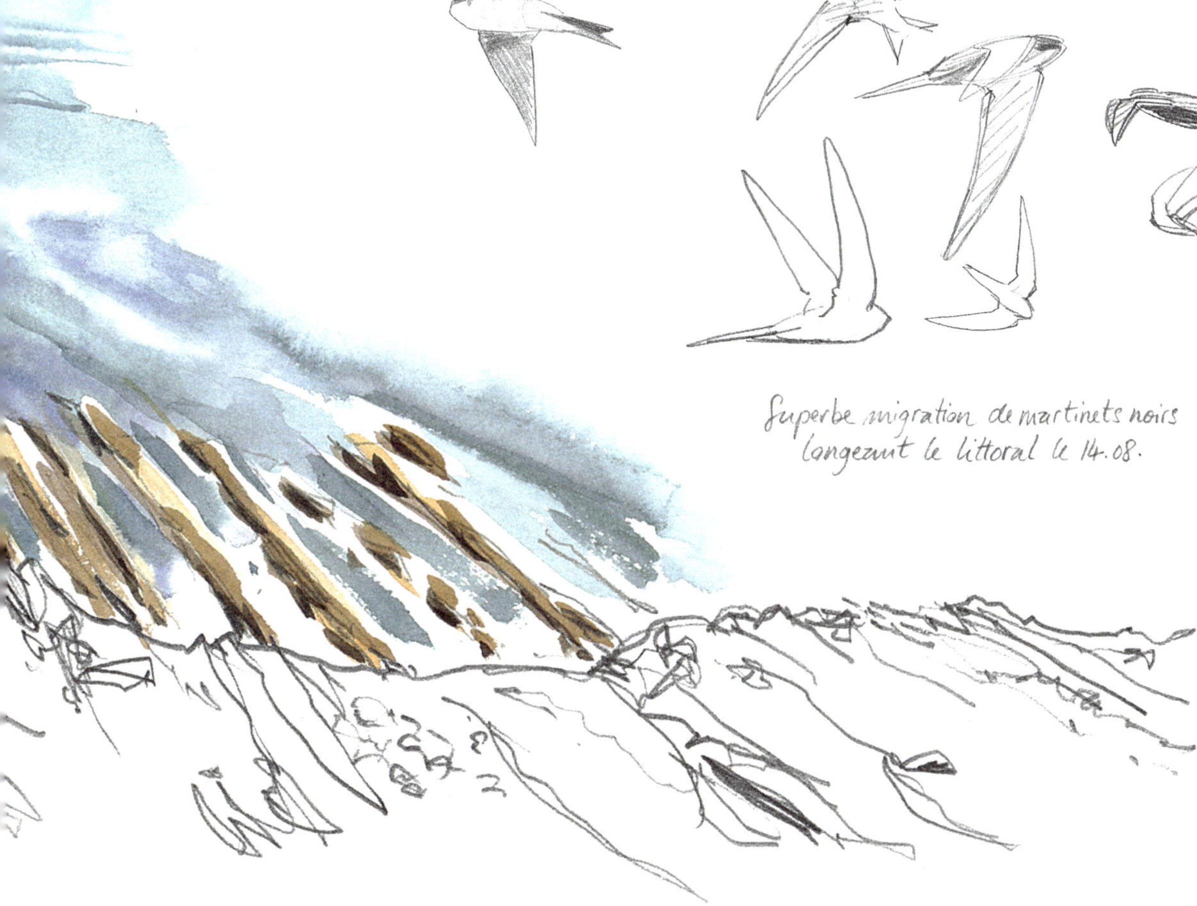

En raison de leur inclinaison, le recul des falaises de la corniche n'est pas tant lié à l'érosion marine qu'aux infiltrations d'eau entre les strates.

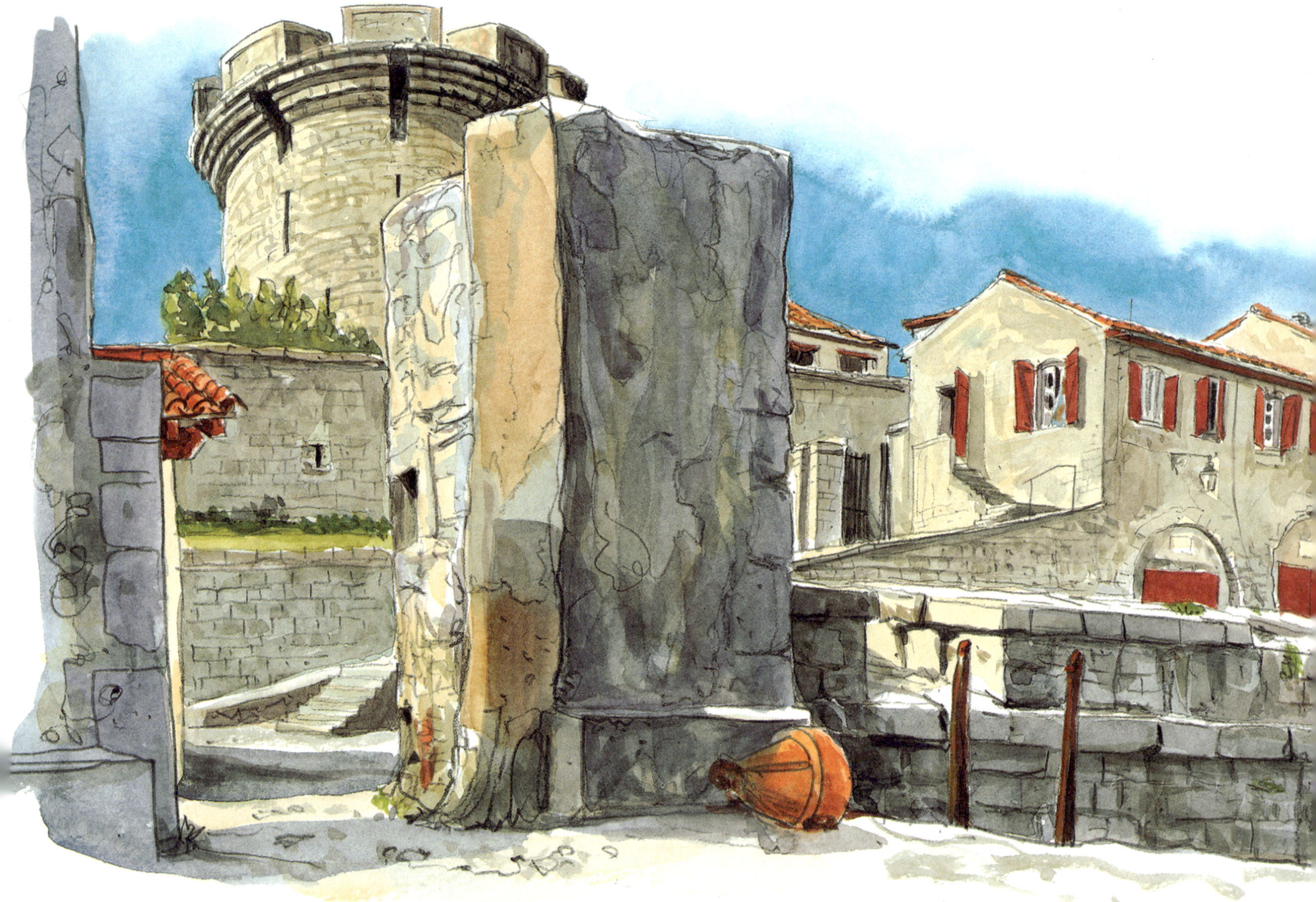

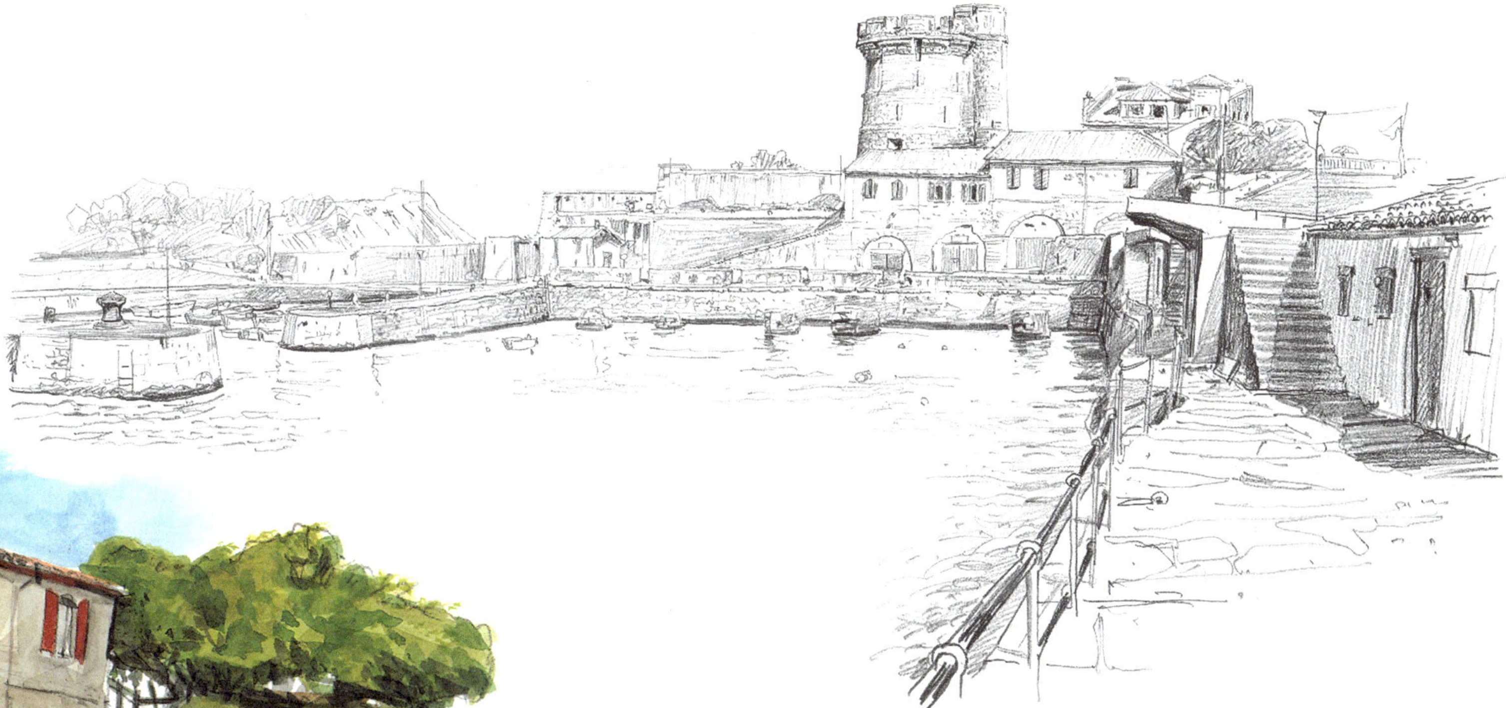

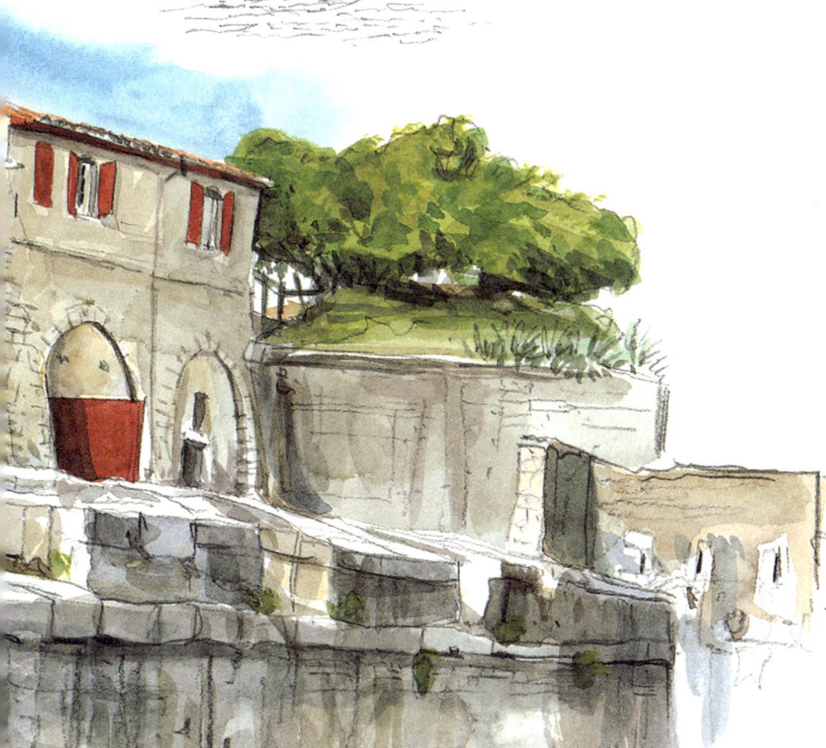

Le fort de Socoa, actuellement utilisé en centre de vacances, deviendra peut-être musée maritime.

Un bassin est creusé à partir de 1621 pour accueillir des embarcations vouées à la chasse à la baleine. 1681, Vauban fait construire une digue de protection ainsi qu'une route qui permet de relier le fort à la terre ferme.

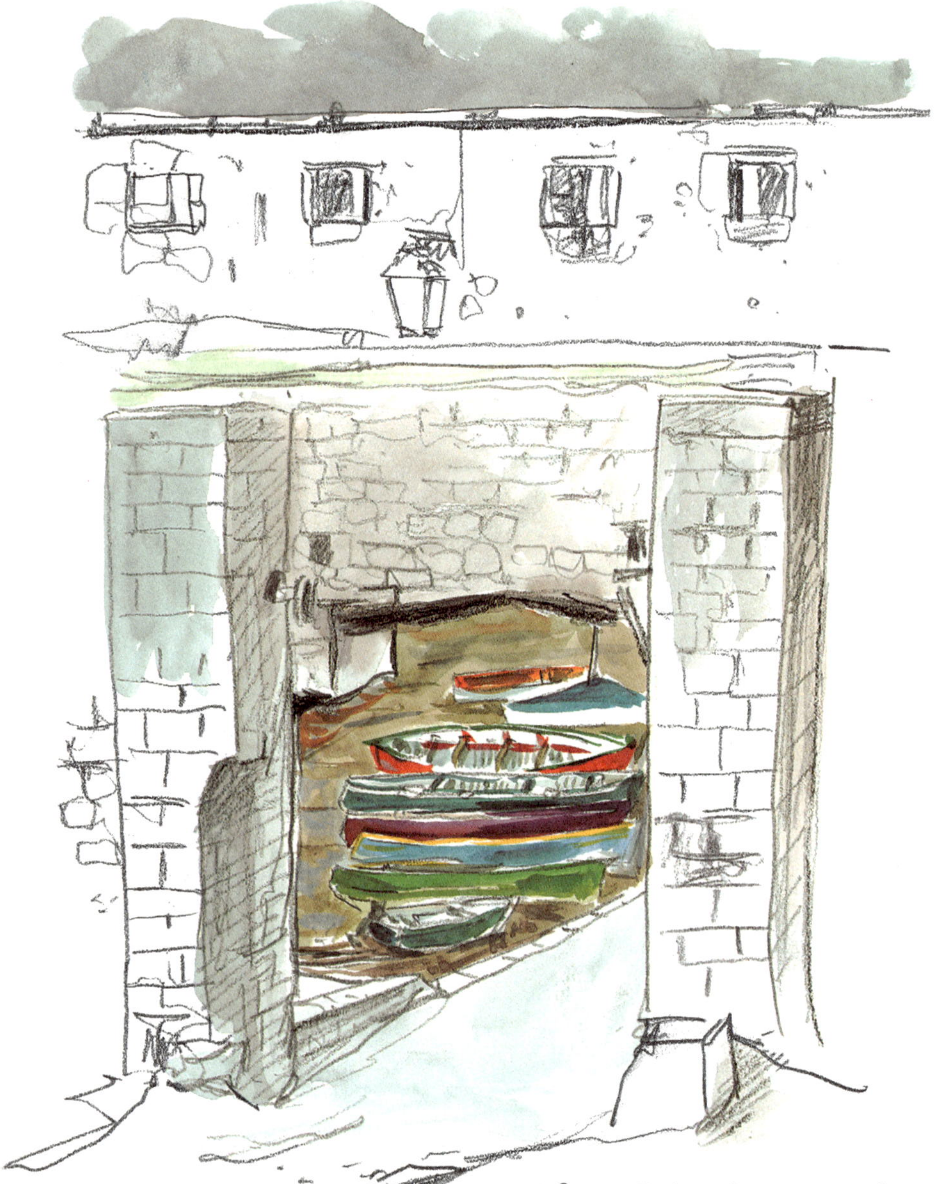

Entrée du Fort de Socoa à marée basse.

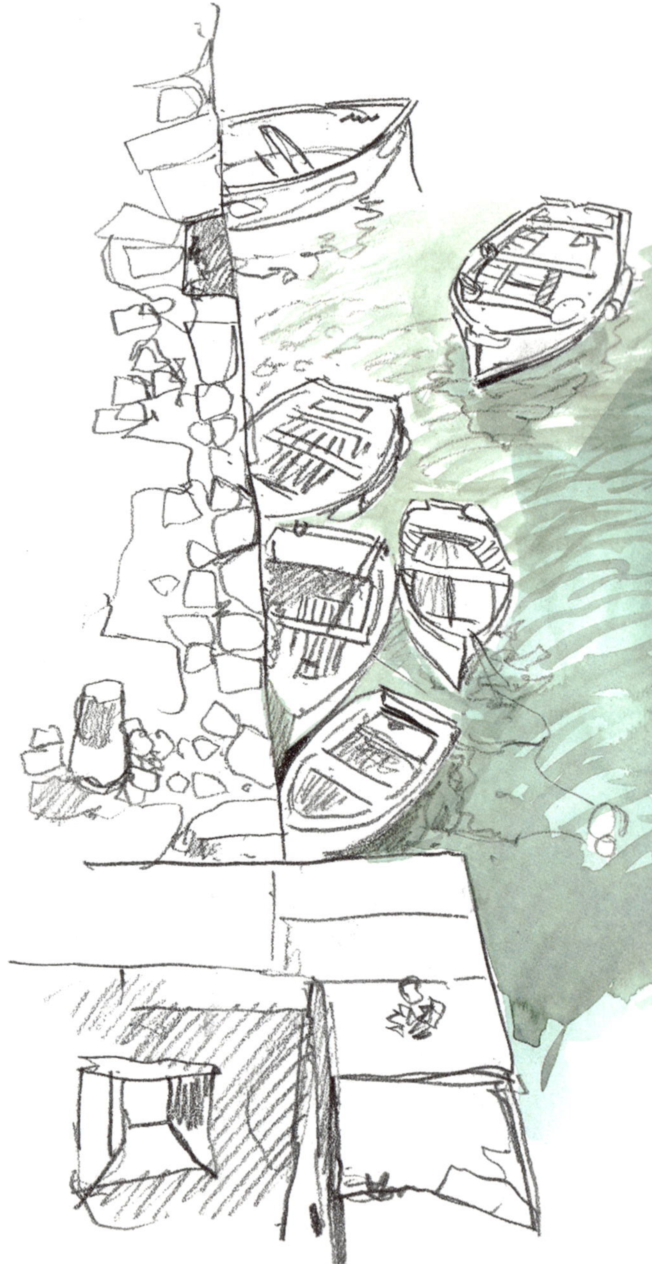

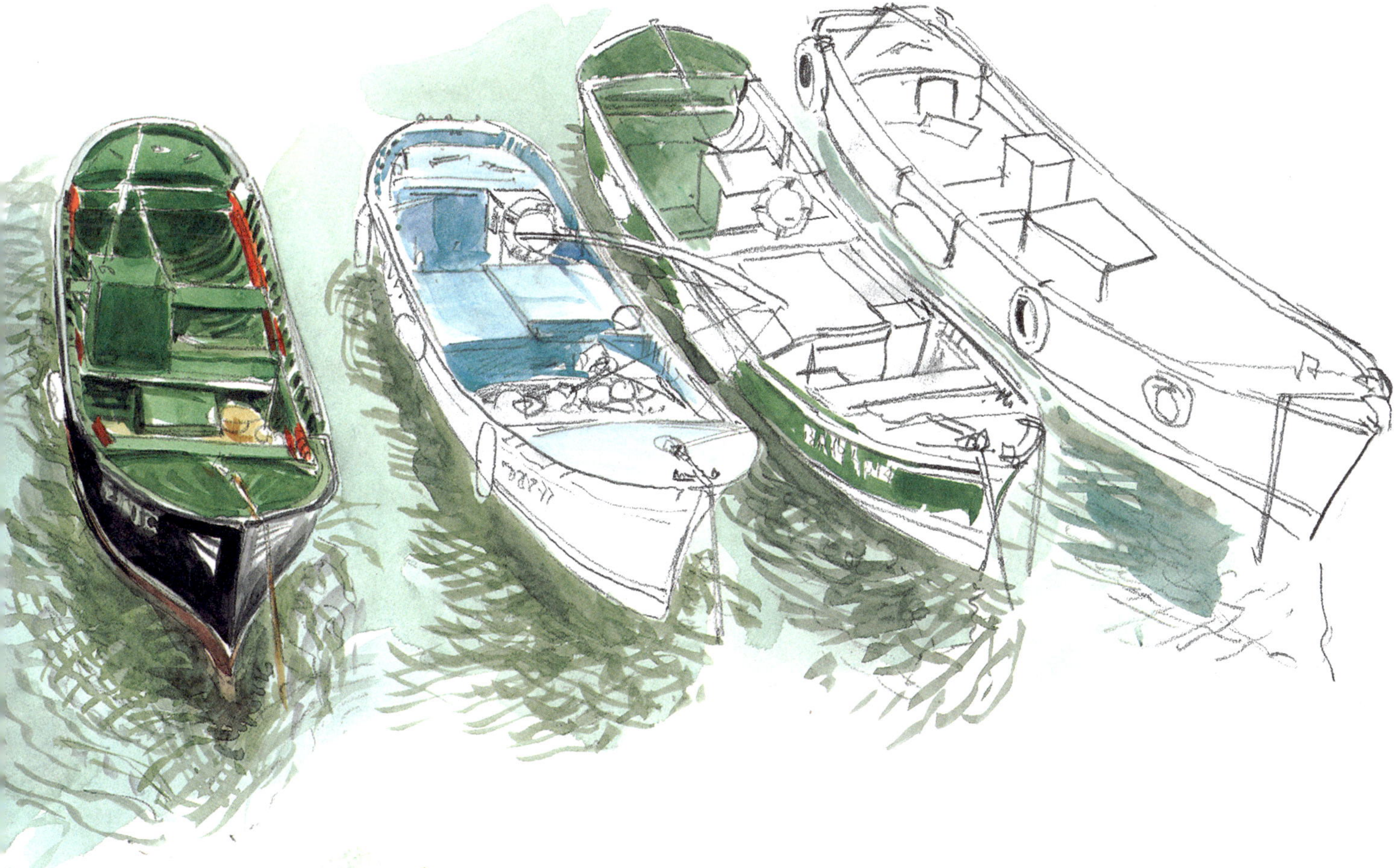

Déjà au début du siècle la sardine se raréfie dans
le Golfe de Biscaye. Le temps où Saint-Jean-de-Luz et Ciboure
constituaient le premier port sardinier français est bien loin.
Rares souvenirs de cette époque, ces superbes barques "battelak" servent à pêcher
louvines (bar), dorades, maquereaux ainsi que les xipirons (encornets) à la turlute.

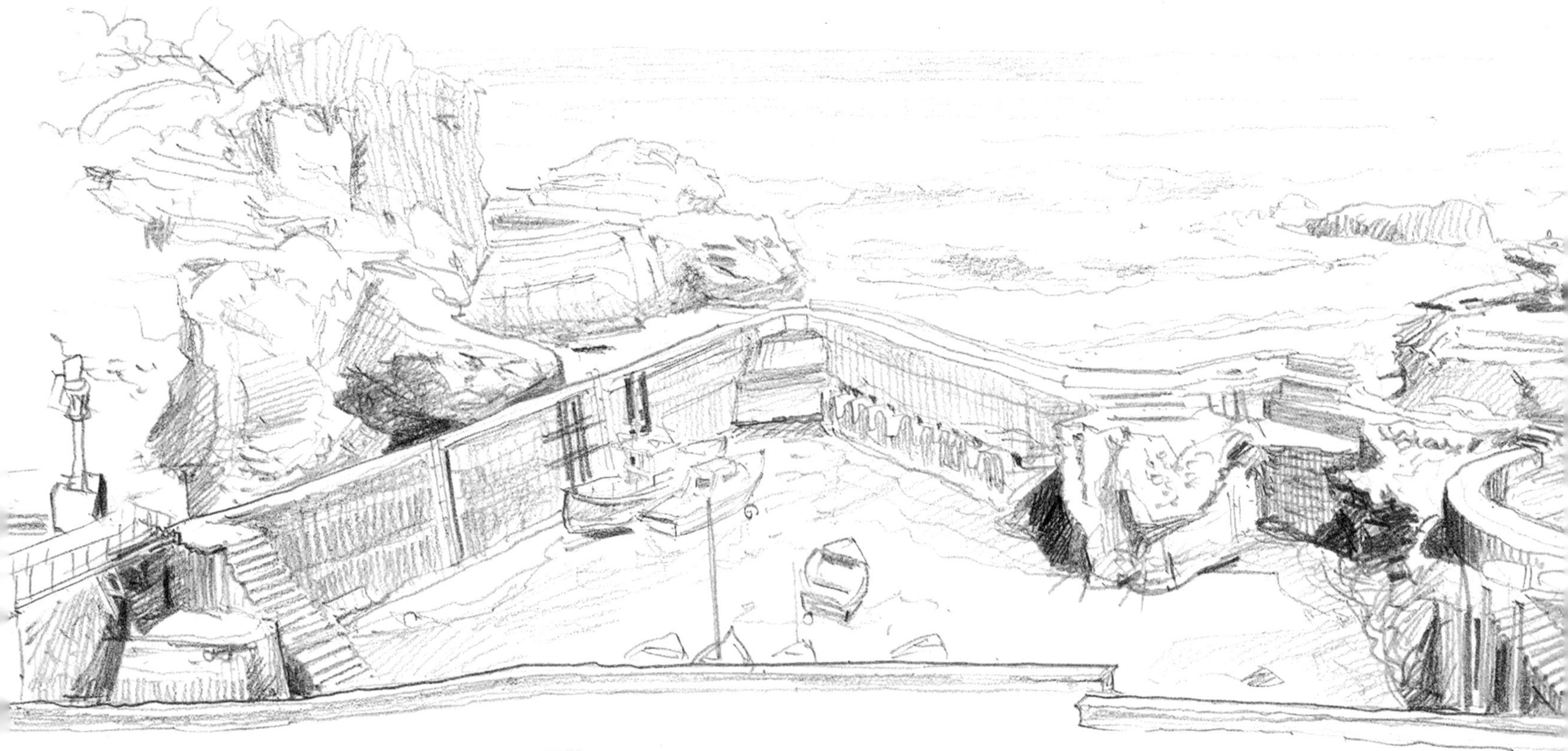

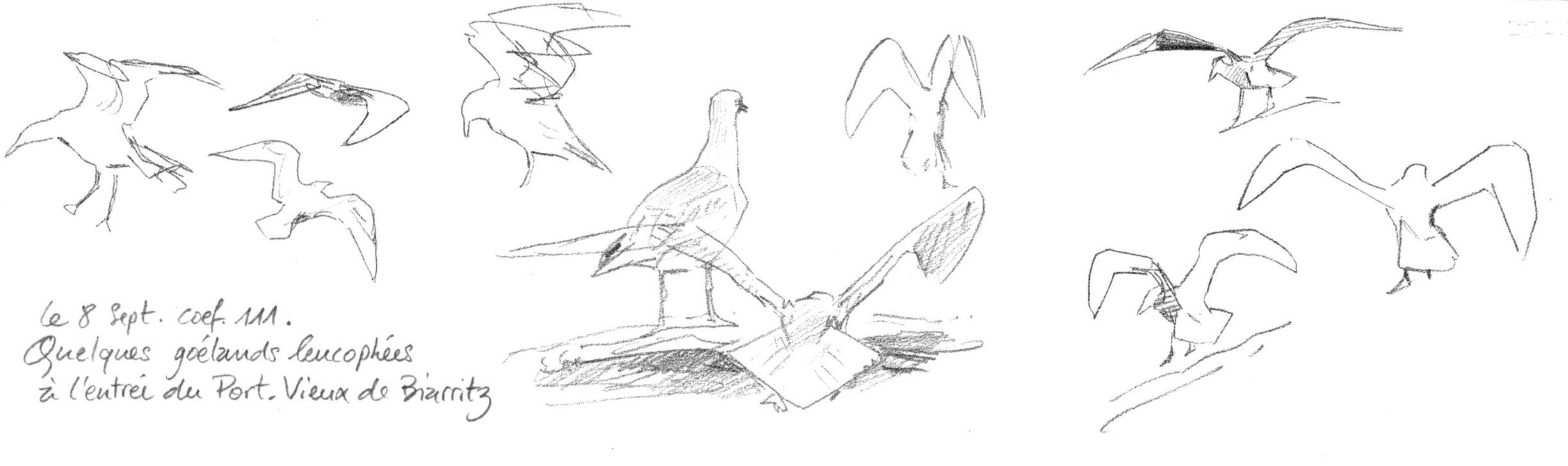

le 8 Sept. coef. 111.
Quelques goélands leucophées
à l'entrée du Port. Vieux de Biarritz

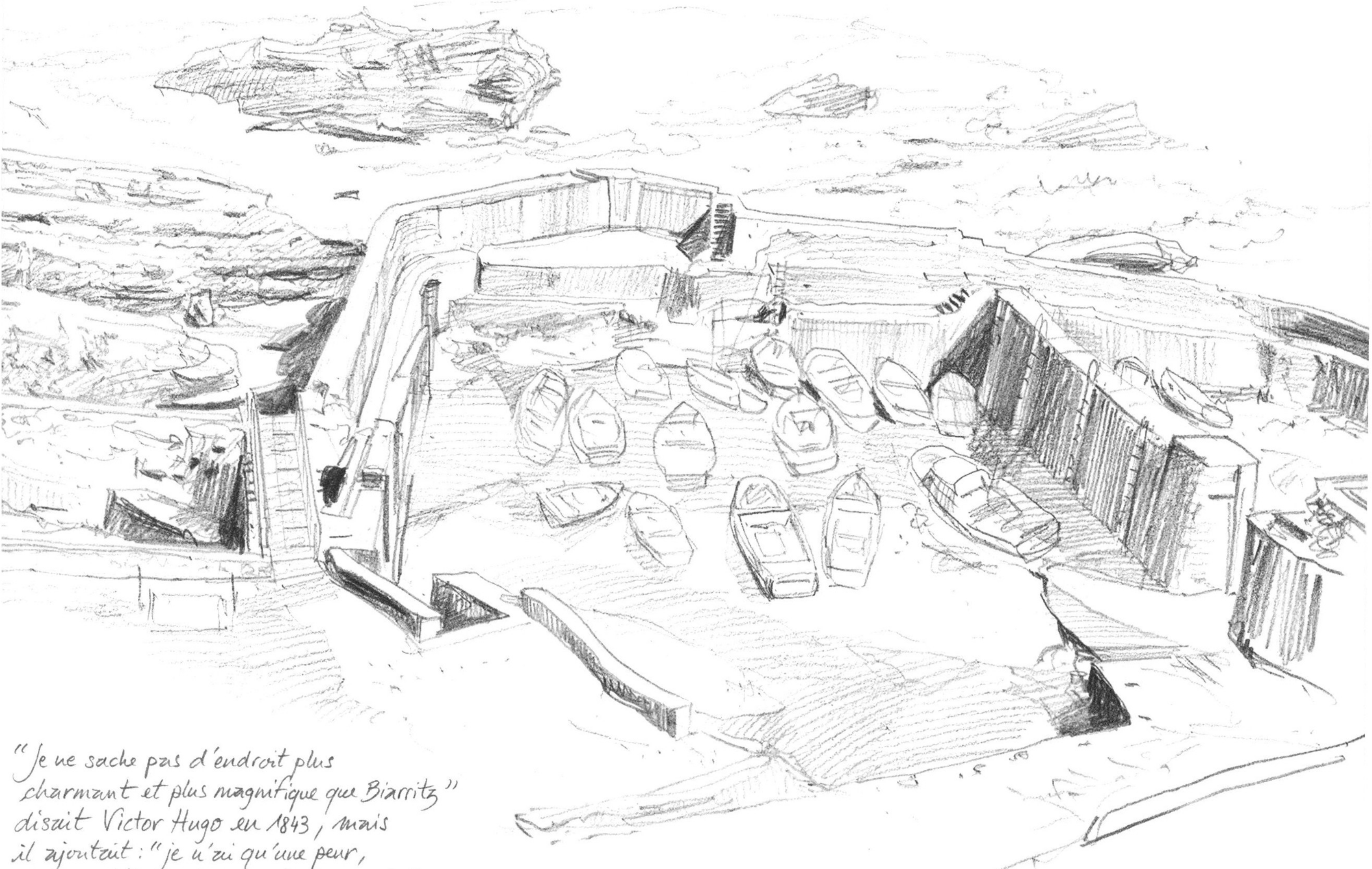

"Je ne sache pas d'endroit plus
charmant et plus magnifique que Biarritz"
disait Victor Hugo en 1843, mais
il ajoutait : "je n'ai qu'une peur,
c'est qu'il ne devienne à la mode"...

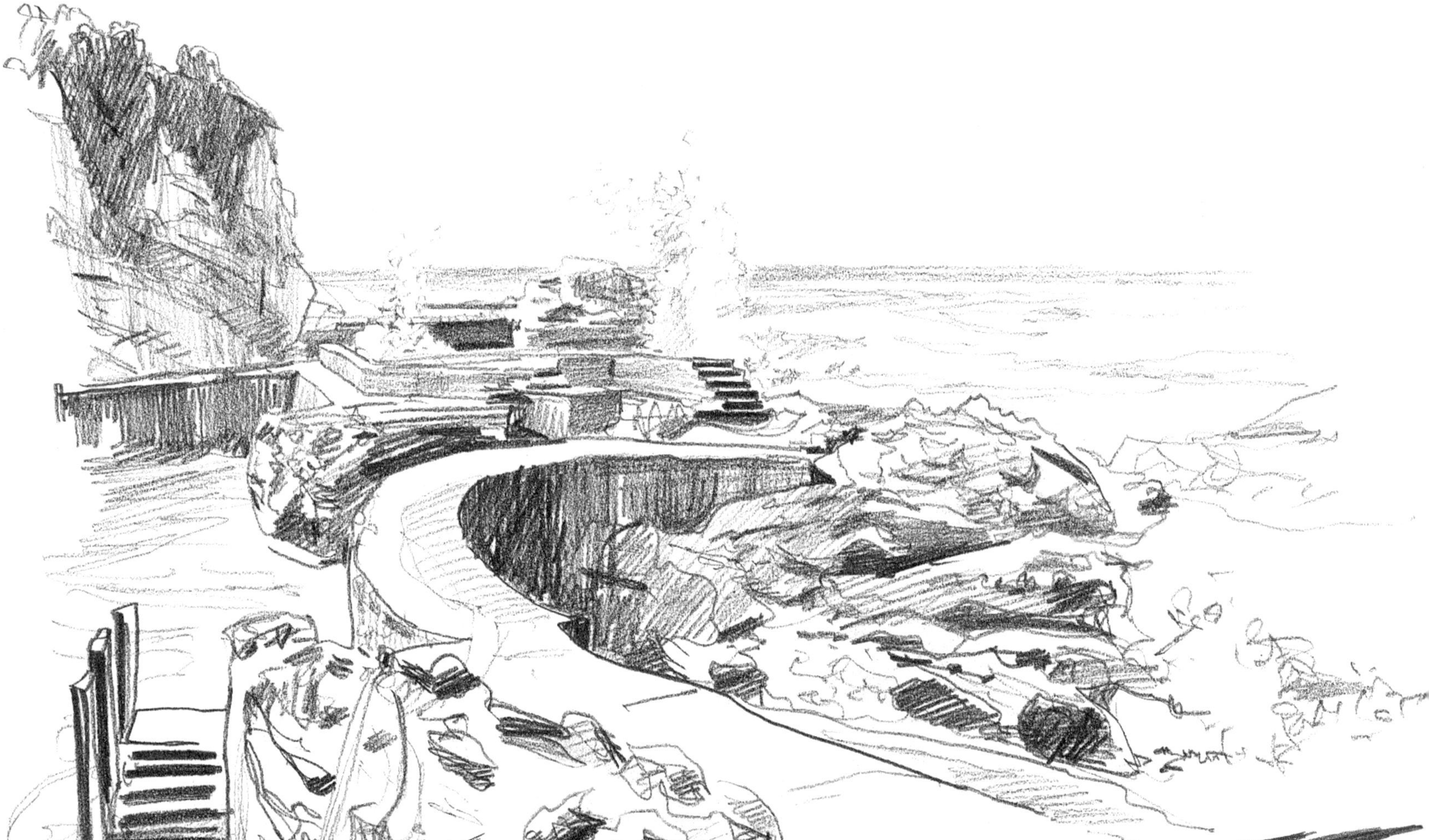

Port-Vieux à marée montante

Le 12 sept. Les restes du cyclone "Bonnie" se font entendre. J'arrive vers 8h. à Socoa, seul endroit un peu abrité du vent d'ouest force 7 ; un ballet incessant d'oiseaux pélagiques défile dans mon télescope, à l'horizon le phare de Biarritz et les grues de Tarnos.

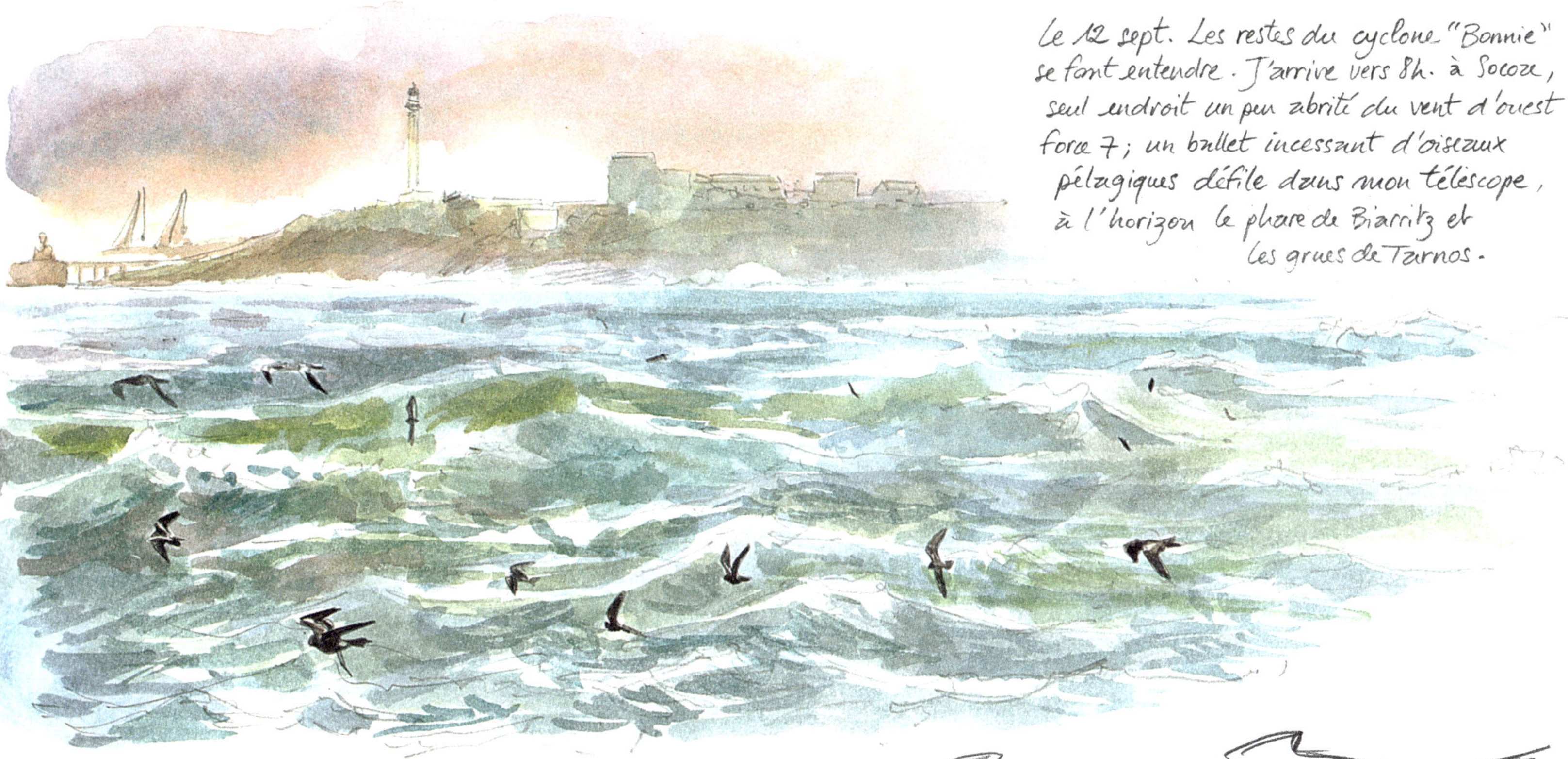

Océanites Culblancs.

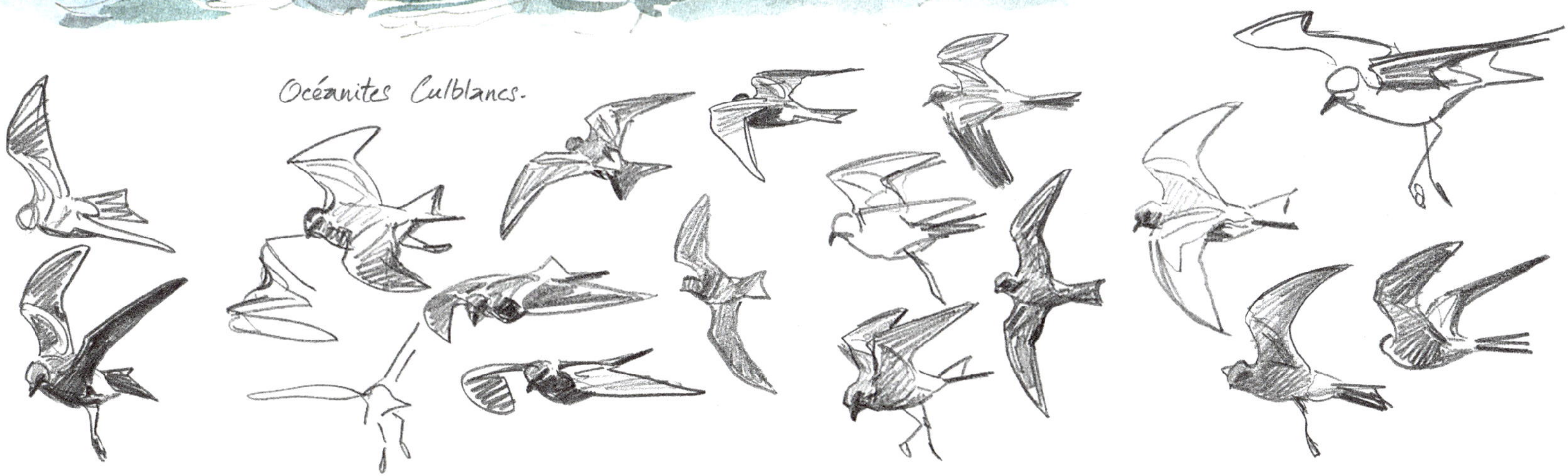

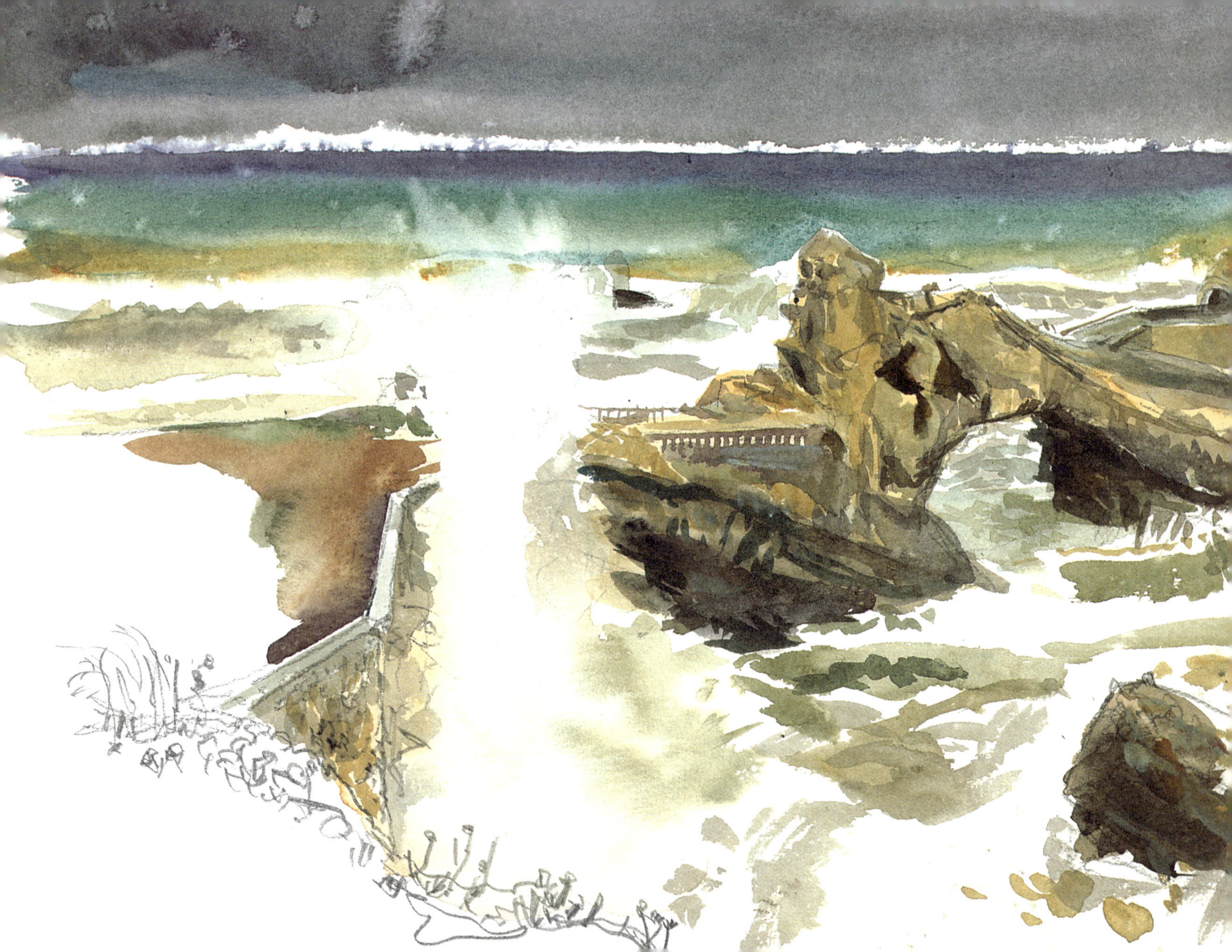

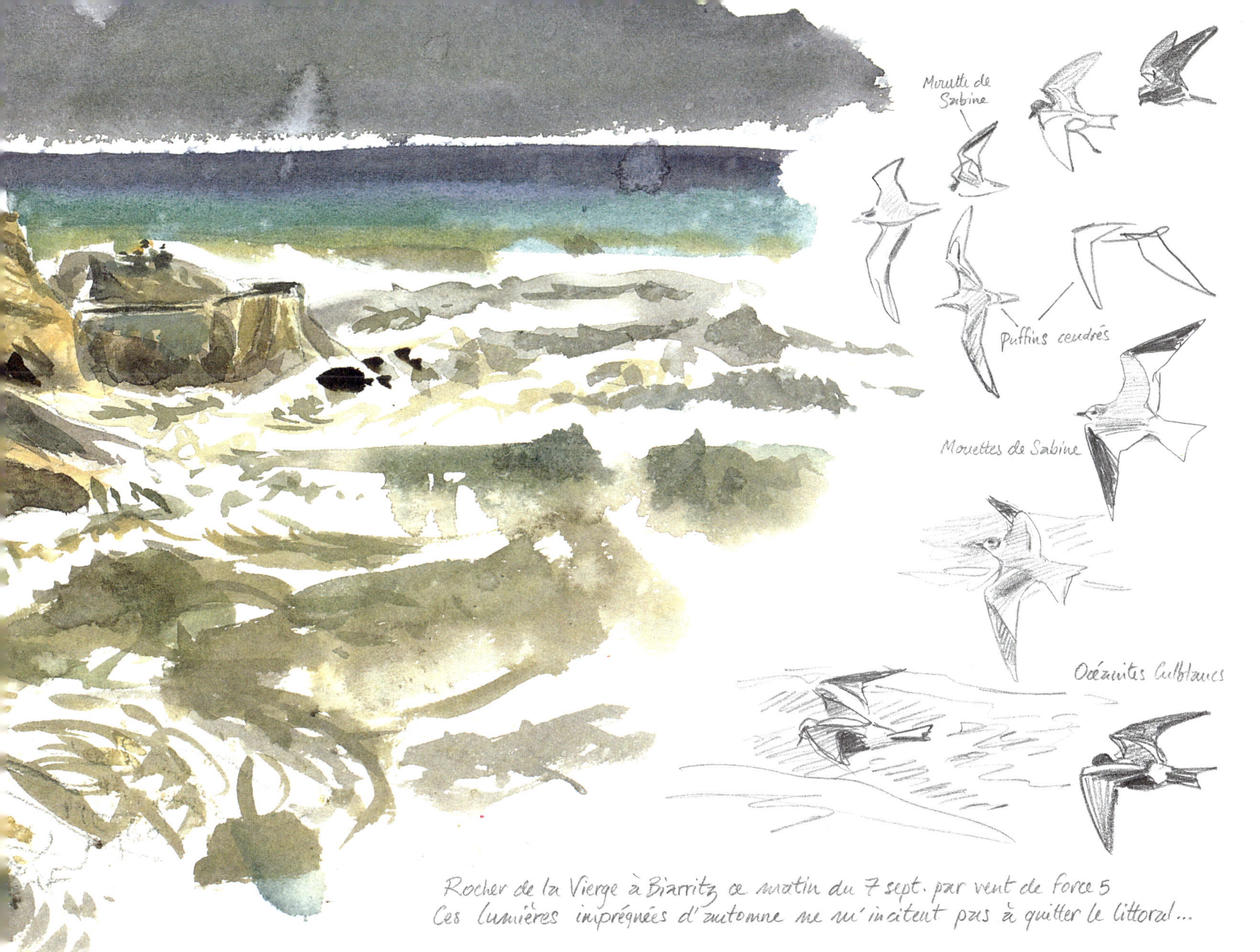

Rocher de la Vierge à Biarritz ce matin du 7 sept. par vent de force 5
Ces lumières imprégnées d'automne ne m'incitent pas à quitter le littoral...

Le Conservatoire de l'espace littoral et des rivages lacustres est un établissement public de l'Etat.
Créé par une loi du 10 juillet 1975, il a pour mission d'assurer la protection définitive des espaces naturels maritimes et lacustres fragiles et menacés.
Fin 1998, le Conservatoire avait acquis 54 000 hectares : 410 sites qui assurent la protection de 750 km de rivage.
Bois, marais, lidos, lagunes, vasières, dunes, îles, îlots, falaises, ces terrains font partie du patrimoine national; inaliénables, ils seront transmis intacts aux générations futures. Ouverts au public, ils offrent des espaces de liberté où chacun, entre terre et mer, peut se promener à sa guise, à la découverte des paysages préservés.

Au pied des Pyrénées, prairies, landes, falaises et criques sauvages font face à l'océan. Sur la Corniche Basque, le Conservatoire a engagé l'acquisition de 200 ha d'espaces naturels qui concernent sept kilomètres de rivage.
Le domaine d'Abbadia et les landes d'Exansabal, gérés par les communes d'Hendaye et d'Urrugne, avec le soutien du département des Pyrénées-Atlantiques et de la Région Aquitaine, offrent de remarquables lieux de promenade et de découverte d'une côte sauvage et préservée.

Le Conservatoire, présent sur toutes les côtes de France, est habilité à recevoir tous dons et legs.
Les dons, intégralement consacrés à la protection des espaces naturels fragiles ou menacés, doivent être adressés par chèque bancaire ou postal à «Fondation de France-Conservatoire du littoral», Corderie Royale, 17306 Rochefort.

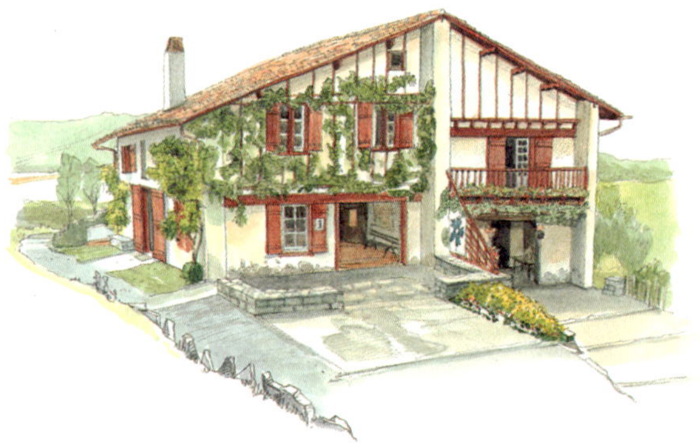

DANS LA MÊME COLLECTION

LE MARQUENTERRE
François Desbordes
L'ABBAYE DE BEAUPORT
Jean-William Hanoteau
LE MARAIS D'ORX
Jean Chevallier

LA CORSE
Denis Clavreul
LES JARDINS DU RAYOL
Denis Geoffroy-Dechaume
LA PRESQU'ÎLE DE SAINT-TROPEZ
Stéphane Girel

LA BAIE DU MONT-SAINT-MICHEL
Alan Johnston
L'ÎLE DE RÉ
Vincent Brunot
LANGUEDOC
Christiane Remblier

L'ÎLE DE TATIHOU
Fabrice Moireau
LA CAMARGUE
Bruce Pearson
LE CAP SIZUN
Yvon Le Corre

FAUNE ET FLORE DE MARTINIQUE
Gaëtan du Chatenet
LA CÔTE D'OPALE
Eric Alibert
LA PRESQU'ÎLE DE GUÉRANDE
Robin d'Arcy Shillcock